충분히
슬퍼할 수 있는
젊음이 되길.

마카롱 사 먹는 데
이유 같은 게 어딨어요?

마카롱 사 먹는 데 이유 같은 게 어딨어요?

90년대생이 말하는
90년대생 이야기

이묵돌 지음

메가스터디BOOKS

프롤로그

90년대에
태어난 게
잘못은 아닌데

90년대에 태어난 모든 사람이 올해부터 성인이 됐다. 다만 생물학적 나이를 떠나서 90년대에 태어난 모두가 '어른'이 됐는가에 대한 질문에는 대답하기 쉽지 않다. '잘 모르겠다'는 으레 이런 상황에서 튀어나오는 말인데, 90년대생이 탄생시킨 최고의 유행어 중 하나다. 의도된 유행어는 아니겠지만. 사실 이 글 뭉텅이 대부분의 내용이 '잘 모르겠다'에 해당된다. 무슨 말인가 싶다면 끝까지 읽어보는 것을 권하겠다.

우리는 태어날 때 아무것도 결정할 수 없다. 성별이나 피부색, 국적, 지능, 신장과 체형, 성적 지향성, 부모가 될 사람과 그들을 닮은 나의 외모까지. 실상 '내가 좋아서 선택한 것'이라곤 한 개도 없다. 음… 뭐가 있더라? 대체 뭐가 있을까?

몇 년 전, 살을 에는 듯한 바람에 이따금씩 진눈깨비까지 섞여 불던 그날. 나는 내 인생의 처음이자 마지막이 될 대학수학능력시험을 치르고 나왔다. 얼떨떨한 기분이었다. 끝났다. 그런데 이제 어디로 가야 하지? 모두 마치고 나면 가벼운 마음이 될 줄 알았지만, 이런 기분일 것이라고는 전혀 생각지 못했다. 인생의 거의 모든 것을 수능에 걸었는데, 시험이 끝나도 인생이 계속되는 것이었다. 지난 12년간 (물론 '최선을 다해 공부했다'고 말할 수 있는 건 마지막 1년뿐이지만) 그 시험만을 위해 시간이 흘렀는데. 엔딩크레딧이 모두 올라가고 꼼짝없이 끝난 줄만 알았던 영화가 처음부터 다시 상영되는 기분이랄까? 것도 이전과는 완전히 다른 내용으로.

집에 도착하자마자 PC 전원을 켜고 평가원이 공개한 답안지를 확인했다. 나를 끝까지 괴롭혔던 그 '수리 영역 나형' 한 문제의 답은 4번이었다. 아찔한 기분에 눈을 질끈 감았다. 4번과 5번, 이 두 선택지 가운데 답이 있다는 건 잘 알고 있었지만, 5번을 마킹한 것은 명백한 내 의지였고 선택이었다. 불현듯 유사한 유형의 문제를 수십 번은 풀었던 기억이 스쳐 지나갔다.

판단 착오 하나로 인해 깎여질 내 점수, 그리고 내 남은 인생의 타격이 어느 정도일지 상상해봤다. '잘 알고 있다고 생각한 것'에서 '틀렸다'는 결괏값을

돌려받는 것이, 당시의 내겐 감당할 수 없을 만치 억울한 일이었다. 즉, 내가 잘 알고 있다고 '착각하는 것들' 때문에 예고 없이 우울해지는 일들 말이다. 지금 생각해보면 항상 그런 일들투성이다. 단지 4번과 5번 사이였을 뿐인데….

답을 하나밖에 선택할 수 없는, 수능이라는 시험 그 자체가 글러먹었다는 생각도 했었다. 그러나 그런 생각은 곧 '그따위 나약한 생각이나 하는 나 자신'에 대한 혐오로 탈바꿈했고, 머잖아 도착한 수능 성적표와 그 점수로 지원 가능한 대학교들의 목록을 받아들여야 했다. 자신의 선택과 행동에 책임질 줄 아는 어른이 되어야 한다고 배웠으니까. 하기야 이제는 정말 스무 살 아니냐고.

나는 스무 살을 지나 스물한 살이 되면서, 또 스물두 살과 스물세 살, 스물네 살… 하여간 스물 몇 살이 되면서 깨달은 것이 있다. 스스로 내린 선택에 있어서는 책임을 지는 것이 당연하지만, 어쩔 땐 내 힘으로 어떻게 할 수 없는 것들에 대해서도 책임을 질 수밖에 없다는 점이다. 지금보다 더 어릴 땐 말도 안 되는 얘기라고, '그건 부당해'라며 열을 올렸겠지만. 그런 상황에서 '어쩔 수 없다'라는 답변은 '그건 부당해'라는 항의로도 어쩔 수 없는 일들을 두고 하는 표현이다. 그건 어쩔 수 없다.

그렇다면 내게 어쩔 수 없는 것들은 어떤 게 있을까? 생각해보니 온전히 내 의지만으로 선택할 수 있는 일이 얼마나 있었는지 싶다. 선물받은 기프티콘으로 배스킨라빈스 패밀리 사이즈를 주문하며 "엄마는 외계인으로 다섯 번 채워주세요."라고 했던 것만큼 주체적인 결정을 내릴 수 있는 상황은 흔치 않다. 그래서 우리 세대가 '소확행' 따위의 수십 년 된 단어를 갖다 쓰면서까지 몇천 원짜리 디저트며, 키덜트용 장난감을 구매하고 만족하는 것일지도 모르는 일이다.

작년 한 해 동안 가장 이슈가 되었던 책은 《90년생이 온다》가 아닐까 싶다. 그 책과 그 저자 분께 개인적인 감정은 전혀 없다. 구태여 90년생 중의 한 개체로서의 입장을 말해보자면 그런 책을 통해서만 우리 세대를 이해할 수밖에 없는—달리 말해 '그런 책으로나마 이해하고 싶은'— 이 시대 자체가 터무니없이 슬프다는 쪽이다.

따지고 보면 좋은 현상이고 기뻐할 만한 일이다. 내용의 현실성이나 공감을 떠나서 《90년생이 온다》라는 책이 출간된 것과 우리 부모님 내지는 상사가 되는 세대들이 그 책을 사서 읽는 것 모두 그들 나름의 노력이니까. 하지만 그런 부단한 노력에도 불구하고 90년생을 완벽하게 이해하는 일 자체가 불가능하거니와 그럴 필요도 없다고 생각한다. 이게 재미있는 부분이다. '무엇이든 노력하면 안되는 게 없다'고 버릇처럼 말하던 당신들에게 노력할 필요가 없다고 말한다는 것이.

기성세대가 이 글을 읽게 됐을 때 어떤 생각을 하게 될지, 90년생인 나로서는 알 도리가 없다. 그들 세대가 우리를 모르듯 우리 역시 그들 세대를 모른다. '우리가 이렇게 힘들다는 것을 알아달라'는 투정처럼 느껴지지만 않으면 다행이다.

오히려 나는 당신들이 억지로 힘들여가며 이해하려 들지도 않았으면 좋겠다. 우리가 이해해야 할 것은 어떤 세대가 아니라 어떤 시대가 지닌 감정, 좀 더 구체적으로는 슬픔이다. 우리의 슬픔이 곧 당신들의 슬픔이 되고, 당신들의 슬픔 역시 우리의 슬픔이 된다. 다른 세대로 태어난 우리는 당신들과 같은 시대 위에서 있기에, 제각기 다른 영역에서 변명하며 살아갈 수밖에 없다.

그래서 왜 이런 글을 쓰고 있느냐면… 나도 잘 모르겠다. 하지만 다시 말하자면, 우리는 노력하고 있다. 당신들이 늘 해왔던 것처럼. 또 나름의 다른 방향으로.

차례

베이비붐도 아니고
저출산도 아니지만

나는 글 쓰는 일을 좋아한다. 장르는 가리지 않는다. 시, 소설, 수필, 희곡은 물론 손편지까지 가리지 않고 즐겨 쓴다. 솔직히 말하자면, 누가 써놓은 글을 읽는 것보다 내가 쓴 글을 누군가 읽는 쪽이 더 좋다. 지금이야 취미로 삼았던 일이 돈벌이가 되었으니 잘 써야 한다는 압박이 없진 않지만, 나는 내가 집중해야 할 부분을 알고 있다. 잘 쓴 글과 재미있는 글이 다르다는 걸 이제는 알고 있으니까.

나는 재미있는 글을 쓰고 싶다. 내 글이 읽어주는 사람들로 하여금 존경보단 진심 어린 애정의 대상이 되었으면 좋겠다. 이게 꽤 오랫동안 콘텐츠 기획을 해온 영향인지도 모르겠다.

어디서 '(부끄럽지만) 글 쓰는 일을 하고 있습니다'라고 소개하고 나면, 십중팔구는 신기하다는 표정을 짓는다. 아마 주변에 흔치 않는 직군에 대한 호기심이라고 생각하고 있다. 하기야 요즘 들어서는 글로 밥을 벌어먹는다는 것 자체가 쉽지 않은 일인데다가 (어떤 일이라고 쉽게 돈을 벌겠느냐마는) 20대에선 더욱이 찾아보기 힘든 추세이니 당연하다면 당연한 반응이다.

내 직업에 대한 이야기가 나오면, 심심찮게 따라붙는 질문이 2개 있다. 그중 하나가 "글 쓸 때 영감은 보통 어디서 얻으세요?"이다. 이 질문이 상투적이라고 얘기하는 것은 아니다. 한 사람 한 사람의 질문이 모여 나에게는 수백 번째 듣는 질문이 되다 보니, 그 같은 질문에 대해 곰곰이 생각해볼 기회가 자주 생겼고, 덕분에 내 나름대로 솔직하면서도 좋은 답변을 내놓을 수도 있게 됐다.

사실 '영감'이라고 부를 만큼 대단한 느낌은 없다. 글 쓰는 일은 사람들이 으레 생각하는 낭만적인 모습—오래된 타자기를 앞에 두고 몇 시간 동안 씨름하다가, 별안간 놀라운 아이디어가 머리에 내리꽂혀 신들린 듯이 위대한 작품을 완성해버리는—과는 거리가 있다. 말하자면 이미 경험했던 시간과 공간, 그리고 사람들을 재료 삼아 재조립하는 과정에 가깝다.

물론 이것은 내 개인적인 생각이다. 다른 작가들이 어떤 방식과 느낌으로 글에 접근하는지는, 본인이 아니고서야 알 수 없다. 다만 작가 개인의 경험이 창작물에 영향을 미치는 경우는 무척 많다는 것은 사실이다. 가령 헤밍웨이가 남긴 작품 중에는 전쟁을 배경으로 하거나 적어도 핵심적인 요소로 등장하는 것들이 많은데, 그중 대표적인 《무기여 잘 있거라》, 《누구를 위하여 종은 울리나》는 작가 본인이 제1차 세계대전과 스페인 내전에 참전했던 경험을 바탕으로 각각 완성된 것이다. 《노인과 바다》도 쿠바에서 살던 시절 어느 어부에게 주워들은 이야기를 거의 그대로 썼다고 하니, 실존하는 사건이나 시공간을 창작 활동에 반영시키는 건 특별한 일도 아닌 셈이다.

나는 수필을 쓸 때에는 내가 경험했던 것들, 그러니까 당시의 상황이나 떠올랐던 감각을 가능한 '있는 그대로' 전달하려는 편이다. 도통 기억이 나지 않는 부분이나 좀 더 강조를 두고 싶은 부분에선 서사적인 허구가 섞이기도 하지만, 아예 없는 이야기를 실제 일어난 일처럼 쓰는 경우는 거의 없다. 무슨 소신이나 철학이 있어서는 아니다. 없던 일을 어설프게 만들어서 쓰고 보면 내 눈에도 어색하고 재미도 없다는 사실을 알게 된 것 뿐이다.

그런데 살다 보면 참, '꾸며진 것 같은 일'들이 내가 사는 현실에 들이닥치는 경우가 있기 마련이다. 정말 실제로 있었던 일이지만 다소 현실성이 떨어져 '지어내는 것 같은' 이 이야기를 글로 쓸 수밖에 없다. 왜냐하면 이 책을 쓰게 된 몇 가지 동기 가운데 이보다 강렬한 것이 없었기 때문이다.

때는 2017년 초였다. 정확한 날짜는 기억나지 않는다. 봄을 앞두고 바람이 아주 매서웠다는 걸 미루어 보아 1월이나 2월 쯤에 있었던 일 같다.

그 무렵 나는 창업 준비 단계에서 초기 투자를 유치하고자 자주 판교를 드나들었다. 창업자로서의 구색을 갖춘답시고 어울리지도 않는 트렌치코트를 걸치고 있었다. 아침 댓바람부터 2호선과 분당선을 타고 판교로 가서, 투자사 두 곳과 미팅을 끝내고 나오자 어느덧 해가 저물어 가는 중이었다.

국내 유수의 IT 기업을 등에 업은 벤처 투자사들. 이런 투자사의 사무실들은 꼭 거대한 유리 궁전 같은 건물의 가운데 층쯤에 위치해 있었다. 그날 나는 그 건물들 중 하나의 1층 로비에서 대략 3시간을 넘게 기다렸는데, 정작 심사역들과 투자 관련한 이야기를 나눈 시간은 다 합쳐도 1시간이 될까 말까 했다. 벤처 투자사 직원들은 하나같이 멀끔하게 잘 다려진 정장을 입고 있었고, 나는 긴장한 나머지 같은 말을 몇 번이나 반복하는가 하면, 생각이 얼어붙어 1분 넘게 아무 말 없이 앉아있기도 했다. 그래서 모두 망쳐버렸다. 무려 두 번의 기회가 있었는데.

그날의 마지막 미팅을 마치고 건물을 빠져나오던 길이었다. 40대 정도로 보이던 심사역은 나를 건물 1층까지 배웅하면서 "다음에 좋은 기회로 꼭 다시 봅시다."라고 인사했다. 물론 그 투자사와 두 번째 미팅은 없었다.

투자사 사무실에서 나오기 직전에 나는 '투자 의사가 없으셔도 메일 남겨주실 수 있을까요?' 하고 물었다. 심사역은 사람 좋은 미소를 지으며 고개를 끄덕였다. 나는 그의 끄덕임을 믿고 기다렸다. 메일은 오지 않았다. 보름이 지난 뒤에야 내가 심사에 탈락했다는 것을 깨달았다. '좋은 기회로 다시 봅시다'라는 게 그들만의 작별 인사라는 것도.

판교 테크노밸리에는 크고 번쩍이는 건물들이 많

았다. 해 질 녘 노을은 유리 외벽에 부딪혀 사방으로 튕겨져 나왔다. 너무 눈이 부셔 고개를 숙이고 걸을 수밖에 없었다. 그날 아침 옷장에서 꺼내 입었던 싸구려 트렌치코트가 내려다보였다. 단벌 신사처럼 매번 투자사 미팅 때마다 입다 보니 하얗게 보풀이 일어난 것이 눈에 띄었다. 나는 왠지 창피한 기분이 들어 버스도 택시도 타지 않고 걸어서 역으로 향했다. 역까지는 제법 거리가 있었다. 차를 탔을 때는 지척에 있는 곳 같았는데 말이다.

역에 도착할 무렵, 해가 완전히 저물어 어둑어둑해졌다. 판교역 주변에는 널따란 평지가 몇 곳 있었다. 그곳에 서 있으면 막아줄 건물이 없어 사방에서 거센 바람이 불어 살을 에는 듯했다. 역 근처에도 작은 광장이 있었다. 벤치 몇 개에 노숙자 몇 명이 드러누워 바람을 피하고 있었다. 그 앞으로 직장인 2명이 포장마차에서 오뎅 꼬치를 먹는 모습이 눈에 띄었다.

느닷없이 배에서 꼬르륵 소리가 났다. 아침부터 해가 질 때까지 먹은 거라곤 미팅에서 제공해준 커피와 녹차 한 잔이 다였다. 허기가 진다는 것을 깨달으니 갑작스레 배가 아플 지경이라 포장마차를 향했다.

오뎅은 꼬치 3개에 2,000원이었다. 말없이 종이컵에 오뎅 국물을 담아 마셨다. 급하게 마셨더니 입천장이 녹아내릴 것 같았다.

세 번째 오뎅 꼬치를 집어먹고 있을 때였다. 누군가 곁으로 다가오더니 내 팔을 툭툭치며 말을 걸었다.

"학생, 저기 옆에서 종이컵 좀 뽑아줄래?"

나이가 지긋해 보이는 아저씨였다. 퍽 정정한 인상이었지만 짧게 깎은 머리에 듬성듬성 흰머리가 섞여 노인 같은 면이 있었다. 하나의 호칭으로 정의를 내리자면 아저씨보다 노인 쪽에 더 가까웠다.

별달리 어려운 일도 아니었다. 한쪽 손을 뻗어 종이컵을 하나 뽑아들었다.

"국물도 퍼드릴까요?"

"그럼 좋고." 노인이 살갑게 대답했다. 나는 곧 종이컵에 국물을 퍼 담아 내밀었다.

"… 자네는 장갑도 안 끼나?"

"네?"

나는 갑작스레 바뀐 노인의 말투에 당황했다. 깜빡이도 없이 '자네'라니.

"손이 이렇게 빨간데, 장갑 안 끼냐고." 노인이

재차 물었다.

나는 뒤늦게 벌게져 있는 내 손을 내려다보았다. 주머니에 넣지 않고 덜렁거리는 윗옷 단추를 여미고 걸어온 탓이었다.

“쯔쯔… 젊다고 그렇게 몸을 막 쓰면 되나. 앞으로 살날이 오래 남았는데.”

“아뇨, 뭐… 오래 살 필요 있나요. 살 만큼 살다가 가는 거죠.” 내가 대답했다. 왜 그런 냉소적인 대답이 튀어나왔는지는 아직도 잘 모르겠다.

“당치도 않은 소리!” 노인은 냅다 호통을 쳤다. 포장마차에 있는 사람들이 모두 곁눈질을 할 정도로 큰 소리였다. 내가 순간 당황해 대답을 하지 못하자 노인이 말을 이어갔다.

“자네 세대가 앞으로 할 일이 얼마나 많은데! 60년대, 70년대 사람들까지 먹여 살려야지! 안 그렇나?”

“하하… 제가 무슨 능력이 있어서 먹여 살리겠어요. 제 한 몸 건사하기도 힘겨운 걸요.”

“아니야! 능력이 있어서 먹여 살리는 게 아니야.” 노인은 고개를 저으며 말했다.

"계속 살기만 하면 되는 거야. 계속 살면, 원치 않더라도 먹여 살리게 돼."

"그런가요…." 나는 마땅히 할 말을 찾지 못했다. 갈수록 이상한 노인네라는 생각이 들었다.

"그래, 그래서 자네 같은 청년들이 고생이 많지. 아주 불쌍해. 우리야 얼마 못 가 죽으면 그만인데 말이야. 자네들은…."

"……."

더 이상 대꾸할 말이 없어 입을 다물었다. 그러자 노인도 말을 끊고 국물만 들이켰다. 오뎅을 다 먹고 계산을 마친 뒤에 어쩐지 바로 나오지 못하고 노인에게 인사를 했다. "이만 가보겠습니다. 안녕히 계세요." 하고. 정중히 고개까지 숙여가면서. 두 번 다시 마주칠 일 없는 사람이었는데 말이다.

서울로 향하는 전철 안에서 나는 노인이 했던 말을 몇 번이고 되뇌었다. 대체 무슨 뜻이었을까? 나에게 열심히 살아가야 함을 알려준 것일까. 계속 살아가기만 해도 먹여 살리는 거라니. 그래놓고 우리더러 불쌍하다니…. 우리가 왜 불쌍하지? 적어도 우리 때는 보릿고개 같은 건 없었는데. 스마트폰도 있고, 스타벅스에서 5,000원 넘는 커피도 사 마시는데. 어디 그뿐인가? 대학 진입 장벽도 낮아졌고, 평균적으로 높은 지식을 갖고 있잖아. '나 때는 말이야…'가 아닌 어르신이라니. 별 이상한 노인네가 다 있군.

*

어떤 세대를 구분하는 수많은 기준과 단어가 있지만 가장 많이 활용되는 기준은 출산율이 아닐까 싶다. 60~70년대 경제 발전과 함께 폭발적인 인구 성장을 가능케 한 세대를 '베이비붐 세대'로 부르는가 하면, 새천년 이후 급격하게 출산율 감소 추세로 접어든 요즘 세대를 '저출산 세대'라고 일컫는 것이 대표적인 사례다.

다만 세대 구분의 기준을 출산율로 잡았을 경우 뭐라 정의하기 어려워지는 것이 80년대 중반부터 90년대 초반 사이에 태어난 사람들이다. 그 당시 대한민국의 가구당 출산 명수는 최대 2명에서 1.5명 내외였다. '폭발적인 성장'에서 '최악의 저출산'으로 이어지는 수십 년간의 흐름 속에 샌드위치처럼 껴있는 격이다.

물론 X세대나 Z세대, 88만원 세대, 최근의 밀레니얼 세대까지, 이제 막 성인이 되어 사회에 진출하기 시작한 우리 세대를 '어떻게든 정의하려는 시도'는 몇 차례 있었던 것 같다. 입에 잘 붙지도 않거니와 한눈에 뜻을 알기도 쉽지 않고 속성이 확실하지 않은 단어도 있다. 네이밍 센스의 문제라기보단 그만큼 정의하기 어려울 정도로 복잡 미묘한 세대가 아닐까 싶다. 세대가 보여주는 단면이 제각각의 모습이라면 분류를 하는 사람들도 당혹스러울 수밖에 없을 것이다.

젊은 당사자인 나로서도 '지금 젊은 세대를 통틀어 그럴 듯하게 묘사할 만한 단어'가 과연 존재하기는 하는 건지 의문스럽다. 단지 여기서 말해둘 수 있는 건, 우리 세대가 느끼는 슬픔 중 많은 부분이 비슷한 맥락으로부터 기인한다는 점이다. 우리에겐 우리 자신을 적당하게 표현할 단어가 없다는 것 말이다.

당신들의 희망은
우리였지만,
우리의 희망은
당신들이죠

한동안 'N포 세대'라는 말이 유행했었다. 요즘 젊은 세대들은 결혼도 포기하고, 집도 포기하고, 차도 포기하고, 이것저것 다 포기하면서 살 수밖에 없다는 뜻에서 생겨난 말이었다. 이 단어가 비단 90년생들만을 지칭하는 것은 아니었으리라 생각한다. 그래도 뭔가 오해받는 기분이 들어서 얘기를 하자면, 정확히 말해 '포기'한 적은 없다. 내가 90년대생들의 대변인씩이나 되는 사람도 아니거니와 그럴 자격도 없지만, 최소한 나와 내가 봐온 주변의 또래 친구들, 선배와 동생들은 전부 그랬다. 우리는 포기한 적이 없다. 포기라는 건 목표든 희망이든 애초에 뭔가를 가져야만 할 수 있는 것이니까.

한때 우리가 가졌던 희망은 온전히 기성세대로부터 물려받은 것이다. 달리 말하면 기대라고도 할 수 있겠다. 말 잘 듣고 공부 잘하는 아이로 자라나서, 그럴듯한 간판의 명문대에 진학해 우수한 성적을 거두는 것. 그다음 아들은 일찌감치 군대에 다녀와 소년티를 벗고 늠름한 모습을 보여주어야 하고, 좋은 학점에 장학금을 받으며 졸업한 뒤에는 하루빨리 대기업에 취직해 명절날 친척들에게 부모님이 자랑할 만한 자식이 되어야 한다. 한편 딸의 경우에는 대체로 통금 시간을 지키는 정숙한 숙녀로 자라나 전도유망한 사윗감을 데려와야 하는데, 그 사윗감이란 꼭 딸보다 나이가 좀 더 많고 학력이든 직장이든 더 좋은 커리어를 가지고 있어야 안심이 되는 것이다.

정말이지 이런 것이 우리가 진심으로 바란 꿈이었다거나 목표였다고 생각한다면 유감스러운 일이다. 이건 우리의 꿈이 아니라 우리 부모님 세대의 꿈이다. 우리는 그런 부모님의 꿈을 대신 이뤄주는 것을 사명처럼 여겼다. 매일같이 아버지가 회사에 나가 벌어오는 돈이며, 어머니가 챙겨주는 아침밥의 따뜻함 같은 것들을 강조하면서, 부모님께서 우리를 위해 얼마나 위대한 희생을 치르며 살아가고 계시는지, 우리에게 걸고 있는 기대가 얼마나 대단한지를 들으면서 자랐다. 그러니 이제와 '왜 너 스스로 갖고 있는 목표 하나 없느냐'고 물어본다면 할 말이 없다.

부모님 세대의 바람이며 기대가 처음부터 잘못됐다는 것은 아니다. 부족하지 않을 만큼 벌고, 자신에게 딸린 식구들 굶기지 않으면서 어엿한 사회 구성원으로 키워내는 일이 위대하지 않다고 말하려는 것 역시 아니다. 그러나 이건 수십 년 전의 미덕이었다. 우리가 자라난 세상에서 행복이란 예전처럼 단순히 정의 내릴 수 있는 개념이 아니다. 누군가에겐 '맡은 바 소임을 다하고 가족을 지키며 대를 잇는 일'이 자신의 알량한 꿈보다 더 가치 있게 느껴질 수 있지만, 그저 부모의 기대에 맞게 살며 기특한 자식이 돼서 얻는 보람이 그만큼이나 큰가를 묻는다면 솔직히 잘 모르겠다. 심지어 오늘날 많은 부모님들이 우리에게 실망과 체념, 인내밖에 보여주지 않는데 말이다.

삶은 녹록지 않다. 스스로 밥벌이를 하면서 생존하는 것에서 나아가 날 바라보는 존재들을 책임지고 먹여 살리는 것은 더욱이 어렵다. 자신이 사랑하는 것들을 지키기 위해 사람은 때때로 원치 않는 상황이나 일을 감내해야 한다. 당신들은 답답한 사무실에서, 모래 먼지 날리는 현장에서, 불친절한 고객들 앞에서, 한여름 뜨거운 가스불 앞에서 제각기 힘겨운 시간을 버텨내며 우리를 책상 앞에 앉혔다. 자식 세대에게 좀 더 나은 기회를 물려주기 위해. 지식이 부족해서, 경제적으로 풍족하지 않아서 세상의 모든 꿈으로부터 멀어져야 했던 당신들의 고통을 대물림하지 않기 위해. 우리도 그런 마음을 알기에 그 과정도 결과도 모두 고마운 줄 알았다.

당신과 우리의 모든 불행은, 이제와 생각해보면 전부 '사농공상'때문이다. 낡은 단어라는 건 알지만 내 생각에는 그렇다. 충분히 위대해 보였던 부모님의 모습 대신 사회가 존경하는 것들을 닮아가라 강요했다. 밭일하고 자재 나르고 물건 들여와 팔면서, 한때 좇았던 꿈과 한참 멀어진 일까지 하면서 가족을 책임진 당신들이, 그저 무슨 '사士'가 아니라는 이유로 무시당하는 사회가 잘못되었다는 생각은 미처 하지 못했다.

'자랑스럽게 부모님을 닮아갈 권리'는 고귀한 자녀들에게만 주어진다. 정말이다. 결코 갈등론이나 계급투쟁에 입각해 내는 의견이 아니다. 적어도 우리 세대를 살아온 사람들은 이해할 거라 생각한다.

학창 시절 우리가 '장래 희망' 공란에 뭘 채워 넣었는지 기억하는가? 부모님이 의사인 친구는 '의사'

를, 판검사인 친구가 '판검사'를 쓰는 건 자주 봤지만, '동네 슈퍼마켓 사장'이나 '건설업자'라고 쓰는 경우는 단 한 번도 보지 못했다. 당장 내 학창 시절 동창들만 해도 그랬다. 부모님 두 분 모두 의사였던 그 친구는 현재 의대 졸업을 앞두고 있고, 아버지가 부장검사였던 친구는 서울대 경영학과에 진학해 동대학 로스쿨을 준비 중이다.

실제로 이 두 친구는 무척 다른 성격을 가지고 있다. 그러나 부모님을 (최소한 직업적인 면에서는) 진심으로 존경한다는 점, 그 발자취를 따라가는 데 있어 나름의 자부심을 갖고 있었다는 점, 그래서 각기 공부하는 이유와 방향성에 대해 자신감과 확신이 뚜렷했다는 점 등에서는 아주 비슷한 면이 있었다. 같은 학교에 다니면서 같은 반에서 수업을 들었던 그 친구들이 어떻게 그토록 열심히 노력할 수 있었는지 당시엔 짐작도 할 수 없었다.

우리 아버지는 택시 드라이버로 일하다 일찍 돌아가셨고, 어머니는 식당에서 일하셨다. 그래서 나는 집에 있는 몇 권의 책 속에서 내 삶의 롤 모델을 찾아야 했다. 윤동주, 조세희, 박완서, 헤밍웨이와 같은. 그래놓고 장래 희망란에는 '저널리스트'라고 써넣었다. 부끄러워서. 어머니는 내가 가진 꿈들이 '창피하고', '딱 굶어 죽기 좋은' 것이라 말했다. 한 번은 내 꿈에 대해 답답함을 토로하시다 내 책을 불로 지져 태우는 퍼포먼스까지 해 보이셨는데, 내 또래 친구들 대부분이 이와 비슷한 상황을 경험해보았다는 사실은 뭐, 새삼스럽지도 않다.

우리에게 기회가 주어졌다는 것도 인정한다. 그러나 모두에게 비슷한 기회가 주어진다 한들, 모집 정원은 정해져 있기 마련이다. 누구나 수능을 칠 수 있는 세상이라고, 모두가 명문대를 갈 수 있는 것은 아니다. 우리는 쉽게 얻은 기회인 만큼 쉽게 딜레마에 빠졌다. 죽어라 노력해서 97점을 받아봤자 나머지가 다 100점을 받으면 꼴찌가 되는 현실이다. 그래놓고 정당한 패배를, 노력의 부족을, 의지의 박약을 받아들이라 말한다. 그 따위로 할 바에야 다 포기하고 부모 곁으로 돌아가라고 말한다.

그래서 우리가 부모에게 말을 꺼낼 때는, 돌아가 고독한 얼굴을 드러내 보일 때는, 스스로를 패배자라

느끼고 있을 때뿐이다. 드릴 수 있는 말이라곤 몇 개 없다. 뭐가 있을까. 일단 죄송하다는 말을 먼저 해야 할 것 같다. 내게 걸었던 기대만큼 해내지 못해서 죄송하다고. 이제 우리에게 남은 희망은 당신이 일궈낸 집뿐이라고.

티끌 모아 태산인데,
마카롱이나
사 먹는 이유

'이 돈이면 국밥이 몇 그릇인데'라는 댓글이 요즘 들어 자주 보인다. 모 커뮤니티에서 나온 유행어가 컬트적인 인기를 끌었다는 모양이다. 물론 진심으로 쓴 댓글은 아닐 것이다. 알다시피 90년대생은 삼시세끼 국밥만 먹어도 될 정도로 입맛이 단순하진 않기 때문이다.

나는 세대를 떠나서 한국인 자체가 맛에 있어 꽤 까다로운 사람들이라 생각하는데, 부모님 세대에게 유독 '까다롭지 않은 입맛인 척'하는 경향이 있는 듯하다. 대학교 시절 모 교수님이 했던 말이 기억난다.

"요즘 학생들은 입이 고급이라 아무거나 안 먹는다고. 밥 한 끼를 먹을 때도 꼭 맛집 찾아서 가고, 밥 먹고 나면 꼭 커피 마셔야 하고. 안 그래?"

정작 그때 나는 학식에서 1,500원짜리 김치주먹밥과 장국을 먹고 온 상황이었고, 그 교수님의 조교들은 교수님의 까다로운 입맛 덕에 캠퍼스 근처의 맛집을 줄줄 꿰고 있기로 유명했다. 맛있는 거 혼자만 먹으려는 심보가 다섯 살짜리 애기들에게만 있는 것은 아니다.

더럽게 입맛 까다로운 요즘 애들로서 말하자면,

솔직히 혀에 금칠한 건 기성세대들도 우리 못지않다고 생각한다. 실제로 '미슐랭 가이드 서울'이 발표한 별 2개 또는 3개짜리 레스토랑은 하나같이 강남 아니면 중구에 위치해 있다. 홍대나 신촌, 대학로 같은 대학가가 아니고. 여의도에 유명한 맛집이 많다는 건 지도 어플만 켜도 쉽게 확인할 수 있다. 심지어 불고기 백반집도 주차장에 택시 잔뜩 세워져 있는 곳이 제일 맛있다. 뭐야? 집에서는 주는 대로 먹으라고 했으면서….

대학생들이 '맛집'이라고 부르는 곳은 정말로 맛이 압도적이라기보다는 '다른 곳에서 찾아보기 힘든 특색이 있는 곳' 또는 '가성비가 무척 좋은 곳'에 가깝다. 전자는 돈을 쓰더라도 남다른 경험으로 삶의 의미를 찾으려는 의도일 것이고, 후자는 비교적 저렴한 가격으로 높은 만족도를 얻고자 함일 것이다. 대학생 시절 내가 제일 많이 찾던 곳은 후자에 가까운 학식과 정문 앞 밥버거 가게였다.

이렇게 생각할 수도 있다. 대학생과 직장인의 소득 수준이 다른데 단순 비교가 가당키나 하냐고. 그럼 나는 아주 정확한 지적이라고 말하고 싶다. 나도 그렇게 생각한다. 입맛이 고급이냐 아니냐를 가르는 요인은 아마도 소득 수준일 것이다. 60~70년대에 태어났는지 90년대에 태어났는지 하는 세대적 구분보다는 말이다. 언제 태어났든 허구한 날 똑같은 것만 먹어도 상관없는 사람이 어디 있겠는가. 입맛을 지나치게 단순화시키는 것은 나이보다도 어려운 상황 쪽에 가까울 것이다.

하지만 돈이 아무리 없어도 예의 우스갯소리처럼 매일 국밥만 먹고 살 수도 없는 노릇이다. 요즘은 국밥도 저렴한 편은 아니지만. 로빈슨 크루소도 열매 따먹고 생선 잡아먹다 질려서 무인도에다 농사까지 지었다. 상황이 가난하다고 해서 입맛까지 가난해지지는 않는다. 소싯적의 나 역시 집은 못 살았지만 먹성 하나는 좋았다. 지금은 반 마리 먹고 배가 차는 치킨을 그땐 한 마리 다 먹어치우고 스파게티까지 거뜬히 비울 정도였으니 말이다. 자주 먹을 수도 없는 음식을 조금이라도 남긴다는 게, 당시에는 정말 말도 안 되는 일 같았다.

한 번은 그런 적도 있었다. 중학생이 돼서 부쩍 반찬 투정이 심해졌던 나는, 엄마에게 한창 커야하는

데 반찬이 이게 뭐냐고, 내가 무슨 채식주의자냐고 따졌던 적이 있다. 이때 엄마가 내놓은 대답이 걸작이었다. 듣자 하니 저 멀리 아일랜드 사람들은 감자만 먹고 잘만 살았더라는 것이다. 너무 자신 있게 이야기하길래 나는 그런가 보다 하고 믿고 살았는데, 나중에 역사를 조금 배우고 나서 보니 세상에 그렇게 사악한 발언도 없었다. 대체 어디서 뭘 보고 그런 말씀을 한 걸까? 지금도 미스터리다.

하여간 '요즘 젊은것들의 사치스러운 입맛'을 상징하는 음식 중에서 가장 대표적이라고 할 수 있는 것이 마카롱되시겠다. 프랑스판 모나카쯤 되는 이 조막만 한 간식 하나를 몇천 원씩 주고 사 먹고 있으니 어른들이 보기에는 얼마나 충격이었을까. 오죽하면 마카롱이 유행하는 것을 보고 젊은 세대들의 충동적 소비 패턴이 드러나는 예시라느니, 소소하지만 확실한 행복을 추구할 뿐이라느니 하며 분석하는 기사까지 나오곤 했다. 언제는 창렬이네 혜자네 하며 가성비 오지게 따지는 척하더니, 밥 한 끼 가격의 과자 쪼가리나 사 먹고 있지 않은가. 부모님 세대로서는 어이가 없을 만도 하다.

이런 일련의 모습들이 쌓이고 쌓여서, 우리 세대에게는 '미래를 전혀 고려하지 않는다', '순간의 욕구에 쉽게 휩쓸린다', '경제관념이 없고 낭비와 사치가 심하다', '좀처럼 돈을 모을 줄 모른다' 같은 인식이 생겨버린 모양이다. 뭐, 전혀 신빙성 없는 이야기라고 하진 않겠다. 나 역시 그런 면이 있거니와, 주변 친구들에게서 비슷한 느낌을 받을 때도 있다. '우리 세대는 너무 힘드니까 마카롱을 먹을 수밖에 없단 말이에요' 하는 헛소리를 하고 싶지도 않다. 애당초 마카롱 같은 걸 '먹을 수밖에 없는 음식'이라고 얘기하는 것 자체가 난센스니까.

다만 우리 세대가 왜 마카롱을 사 먹는지, 그 대략적인 배경에 대해서는 주목해볼 만하다. 정말이지 젊은 사람들은 왜 마카롱을 사 먹는 것일까? 얼마 되지도 않는 용돈과 아르바이트비 혹은 쥐꼬리 수준의 월급으로 말이다. 적금 안 드는 거야 금리가 예전 같지 않으니 그렇다 치자. 그래도 낭비는 하지 말아야 할 것 아닌가? 티끌 모아 티끌일지언정 있는 티끌마저 다 날려버릴 필요는 없지 않은가? 10년 뒤, 20년 뒤 같은 거창한 미래는 아니더라도 어떻게 흘러갈지 모르는 미래를 위해 기반을 닦아놓아야 하는 것 아닌가? 왜 통장에 돈이 꽂히는 족족 값비싼 음식이나 해외여행, 네일 등으로 탕진하는 것을 일종의 재미로 여기는가?

책임질 것이 없기 때문이다. 90년생은 어떤 책임이 자신에게 돌아올 만한 상황 자체를 피하려는 경향이 있다. 실제로 우리들 대부분은 '무언가를 책임진다는 것'이 얼마나 무서운 일인지를 알고 있다. 신혼부부 중에서 딩크족을 쉽게 찾아볼 수 있는 것도, 성별 구분 없이 비혼주의가 확산되고 있는 것도 이런 맥락에서 보면 이해할 수 있다. 여태껏 부모님 세대를 지켜보며 배웠던 것이다. 사람의 자유의지가 얼마나 쉽게 파괴되는지를. 회사를 다니던 어머니가 전업주부가 돼 매일 집안일에 몰두하는 이유나, 소설가가 꿈이었던 아버지가 직장인으로서 원치도 않는 일을 이어가는 이유가 모두 책임으로부터 비롯됐다는 것을. 우리가 우리 자신으로서의 삶을 살기 위해서는 이 같은 책임으로부터 자유로워질 필요가 있다는 것을.

사랑에도 책임이 따른다. 사랑하는 무언가를 지키려면, 때로는 원치 않는 일이라도 해야만 한다. 우리는 그 책임지는 것이 두려워서 사랑하기를 꺼린다. 그래서 내 모든 것을 쏟아부을 만큼 좋아하는 사람도, 죽을 각오로 이루고 싶은 꿈이나 목표도, 나 자신에 대한 무한한 기대도 찾아보기 어렵다. 돈을 아껴서 뭘 한 단 말인가? 당장 사랑하는 것도 하나 없는데. 90년대생들이 가진 가장 큰 슬픔은 여기서 시작된다. 그 무엇도 쉽게 사랑할 수 없다는 것 말이다.

우리 세대의 목표는 월급 몇 푼씩 모아 집이나 차를 사는 게 아니다. 지금 상황에 그런 건 뚜렷한 의미도, 현실성도 없다. 사회에 뛰어드는 순간부터 학자금 대출이니 취업 준비 자금이니 갚을 돈부터 눈앞에 쌓여있다. 첫 단추도 끼우기 전에 마이너스로 시작하는 경우가 부지기수인데 무엇을 목표로 세우고 돈을 모은단 말인가. 집이 필요하면 부모님께 기특한 자식이 돼서 물려받는 쪽이 훨씬 빠를 것이다. 물려받을 집이 있는 집인 경우의 이야기겠지만.

우리에겐 그저 미움받기 싫어서, 무시당하는 게

두려워서 발버둥치는 나날의 연속이다. 취직도 정말 하고 싶은 일이라서, 돈을 모아 사고 싶은 게 있어서 하기보다는 그저 한심하게 보이기 싫은 마음이 크다. 그래서인지 만사에 패기도, 열정도, 귀에 피나도록 들어온 주인 의식도 없는 것 같다. 승리하기 위해서가 아니라 패배하지 않기 위해 사니까. 이뤄내기보다 무너지지 않으려 겨우 버틸 뿐이니까.

'젊은 세대가 힘든 건 희망이 없기 때문이다'라는 말을 몇 번이고 들었다. 하지만 내 생각에 반은 맞고 반은 틀린 말이다. 열심히 일해서 돈을 모아 집을 사고 차를 사고 결혼을 하고 애 낳고 하는 그런 종류의, 흔하다면 흔하게 보일 수 있는 희망은 거의 없다고 봐도 무방하다. 그럼에도 사람은 아주, 아주 작고 희미한 희망이라도 없다면, 단 1분 1초도 제대로 살아갈 수 없는 동물이다. 그 희망이라는 것이 얼마나 작고 보잘것없느냐 하는 것은 나중의 문제다. 당장에도 수많은 직장인들이 며칠 뒤의 주말과 공휴일을 바라보며 하루를 버텨내듯이. '점심시간에 뭘 먹을까' 하는 자그마한 자유를 기다리며 오전 근무를 이겨내듯이.

당 섭취는 사람을 기분 좋게 만든다. 더구나 마카롱은 예쁘게 생겼다. 워낙 작아서 한입에도 먹을 수 있지만, SNS에 올린 사진은 지우지 않는 이상 계속 남아 있다. 우리는 그런 식이다. 고작해야 마카롱쯤 되는 고급 간식을 먹을 수 있다는 것, 혹은 있었다는 것에서 퍽 대단한 의미를 찾아내는 것이다. 그런 게 우리의 밋밋하고 추레한 삶에 아주 작은 특별함이나마 부여해주는 것 같아서. 어쩌면 우리가 그 조그만 달달함 한 조각을 위해 살고 있는 건 아닐까 싶어서 말이다.

대학이 인생의
전부가 아니라니…
이제 와 이러기
있습니까?

한 TV 채널에서 유명 교수를 내세운 토론 프로그램을 진행한 적이 있었다. 내용인즉 혈기왕성한 대학생 토론팀과 현직 대학교수가 최근 각종 사회 현안을 두고 논쟁을 벌이는 것이었다. 이 방송을 챙겨보지는 못했다. 그럼에도 이 방송에 대해 알고 있는 이유는 SNS에서 피드로 돌아다니는 몇 분짜리 클립을 봤던 덕분이었다. 꽤나 많이 돌아다녔던 것으로 기억한다. 해당 편집본에서 다루던 주제는 '정부가 대학교 등록금을 지원해주어야 하는가'쯤 됐던 것 같다. 이 교수는 철없는 대학생들을 상대로 "대학교 입학은 일종의 투자다. 누군가 대학에 가라고 강요한 것이 아니라 자진해서 교육 서비스를 구매한 것이다. 자신의 미래를 위해서 투자하는 것을 왜 나라한테 돈을 달려고 하냐."며 일침을 놓으며 주장을 펼쳤다. 댓글을 보니 '역시 이 교수 말빨 하나는 대단해' 혹은 '대학생들 입도 뻥끗하지 못하는 것 봐라' 같은 반응이 좋아요 수백 개를 받아 최상단에 올라 있었다.

역시 그 교수님에게 개인적인 감정은 없다. 나는 개인적인 감정으로 글을 쓰지 않는… 아니, 쓰긴 쓰는데 지금은 확실히 아니다. 얼굴 한 번 본 적 없는 사람을 TV프로그램이나 인터넷상의 글 몇 개로 판단하고 싶지도 않다. 단지 그 영상만 놓고 이야기를 하자면, 그 교수를 논리적이고 이성적인 사람이라 말할 수 있을지언정 감수성이 넘치는 사람이라곤 할 수 없을 것 같다. 토론에 감수성을 운운하는 게 터무니없이 느껴질 수도 있다. 그런데 '꼭 대학을 갈 필요가 있냐?'와 '그렇게까지 대학을 가려고 하는 이유가 무엇이냐?' 같은 말 사이에는 질문의 요지보다 더 결정적인 간극이 있고, 나는 그걸 감수성 이외의 단어로 표현할 능력이 아직 없다.

혹자는 이 교수가 과거에 국비로 독일 유학을 다녀왔다는 것을 언급하거나, 서울대 출신의 대학교수로서 학벌의 수혜를 가장 많이 받아온 입장이라며 그런 주장을 펼치면 안 된다고 말하기도 한다. 사람이 자기 입장에 맞는 얘기만 할 수 있도록 설계되었다면 얼마나 좋을까? 지금처럼 복잡한 사회 구조는 필요도 없을 것이다. 애당초 교수는 자신이 성장한 환경, 둘러싼 시대, 그리고 경험을 바탕으로 자신의 생각을 풀어냈을 뿐이다. 그저 난 이 일련의 과정에서 그 세대가 우리에게 갖고 있는 인식, 정신적 괴리와 불가해성 같은 것들이 고스란히 묻어나서, 그래서 슬펐을 뿐이다.

저명한 대학교수의 주장에 구태여 궤변을 늘어놓자면 이렇다. 우리는 내일 비가 올 확률이 88퍼센트라서 우산을 사두는 일을 투자라고 부르진 않는다. 우리 세대가 대학을 가고자 하는 이유는 이윤보다 생존에 가깝다. 여기서 대학 못 간다고 죽냐? 하고 되묻는 건 뒷북이다. 정말이지 우리는 어렸을 때부터 그리 듣고 믿으며 자랐다고 해도 과언이 아니다. 명문대에 가면 무엇이든 할 수 있고, 가지 못하면 무엇이든 할 수 없다고. 지나고 보니 둘 다 거짓말이었지만.

대학이 인생의 전부가 아니라는 것. 지금의 내 입장에서 보면 당연한 말이지만 학창시절에는 좀처럼 믿기 어려웠다. 부모님부터가 '공부 열심히 해라'는 말을 아침저녁 염불처럼 외워대는데 어떻게 믿나? 글을 쓰고 싶다거나, 그림을 그리고 싶다거나, 뭐라도 하고 싶은 게 있다고 말하면 꼭 "일단은 공부를 열심히 하렴. 좋은 대학에 가야 나중에 하고 싶은 걸 할 수 있단다."와 같은 대답이 돌아온다. 모든 부모님들끼리 그렇게 하기로 약속이나 했다는 듯이.

어떤 친구의 부모님은 '수능 백일 기도'라고 해서 매일 새벽 팔공산 갓바위에 올라 깨끗한 물 한 그릇 떠놓고 108배를 올렸다고 한다. 그걸 수능이 끝나는 날까지 계속 하셨다는데 어떻게 '대학이 필수적인 건 아니야. 인생의 전부가 아니거든' 따위의 말을 믿을 수 있을까? 그 친구의 대답은 "엄마, 나만 믿어. 목숨 걸고 좋은 대학 갈게."였고, 첫 수능을 망친 뒤 재수를 해서야 목표했던 인서울을 할 수 있었다. 어머니가 재수하던 그 해에도 수능 백일 기도를 올렸다는 건, 새삼 덧붙일 필요도 없겠다.

대학교 진학은 분명 선택이다. 하지만 '진학한다' '진학하지 않는다'라는 복수의 선택지가 주어진다고 해서 과연 자유라고 할 수 있을까? 기껏해야 스무 살이 되는 청소년들에게 경험하지 않은 것에 대해 스스로 판단하고 결정할 능력이 얼마나 있을까? 내가 알기로 소신이라는 건 다 큰 어른들에게서도 어려운 단어인데 말이다.

다 까놓고 말해서, '나중에 X될 가능성이 있으니 미리 해두는 것'과 '나중에 X되지 않을 가능성에 걸고 그냥 안 하는 것' 중에 선택하라면 어느 쪽을 고를까? '어떻게 될지도 모르는데 자진해서 결정해놓고 징징대지마'라는 건 좀 위험한 발상이다. 그렇게 치면 예방접종은 왜 하는 걸까? 왜 수십만 원씩이나 줘가며 가다실9를 맞는 걸까? 모든 여성이 자궁경부암에 걸리는 것도 아닐 텐데 말이다. 돈이 썩어 넘쳐서? 아니면 그 정도 두려움을 이겨낼 만한 자기 확신이 없어서?

대답은 간단하다. 조금이나마 X될 가능성이 있다면 그런 상황을 피하고자 하는 것이 인간의 본능이고, 그렇지 않은 동물들은 옛날에 멸종됐기 때문이다. 더 안전하게 살고자 하는 본능 자체가 잘못될 수는 없는 일이다. 하물며 그런 안전에 대한 욕구, 미지의 공포가 기성세대로부터 물려받은 거라면… '너 스스로 선택한 거잖아'라는 말까지는 하지 않아도 괜찮은 것 아니냐고.

외로워도 슬퍼도 울 수 없는 '캔디증후군'

지난 2018년, 영국은 '외로움'을 사회적 질병으로 분류해 담당 장관을 임명했다. 바야흐로 '고독과의 전쟁'을 선포한 것이다. 맛없기로 악명 높은 요리부터 온갖 기행으로 유명한 나라가 영국이긴 하지만, 개인의 정서적 곤란쯤으로 여겼던 고독을 사회적 문제로 삼기 시작했다는 건 주목할 만한 부분이다. 지금이야 당연하다고 여기는 '여성에게도 투표권을 주자'는 주장도 나올 당시에는 헛소리였다.

나는 중학생이 되기 전까지 천식을 앓았다. 그런 질병이 있다는 걸 알게 된 건 초등학교 3학년 때의 일이었다. 그 무렵 알코올중독으로 병원에서 치료를 받고 나온 엄마는 외할머니로부터 나를 데리고 나왔는데, 그 과정에서 전학을 가게 됐다. 그렇게 새로운 학교에서 맞이한 첫 체육 시간에 하필이면 오래달리기를 했다.

나는 대열에 맞춰 운동장 세 바퀴쯤을 뛰던 중 낙오됐다. 심장이 쿵쾅쿵쾅 뛰었고, 숨을 한 번 쉴 때마다 가슴을 할퀴는 것 같은 고통이 몰려왔다. 데면데면하던 반 친구들은 뒤떨어진 날 힐끔 보더니 그냥 가버렸다. 주저앉아 가쁜 숨을 몰아쉬는 내 위로 거대한 그림자가 드리워졌다. 체육 선생님이 장구채처럼 생긴 회초리를 든 채 서 계셨다.

"너는 왜 안 뛰고 있어?" 체육 선생님이 물었다. 정말 이유가 궁금해서는 아니었을 텐데, 그때의 나는 잘 몰랐던 것 같다.

"저, 숨이… 너무 차서 힘들어서요…." 나는 헐떡이는 와중에 최선을 다해 대답했다.

"그래?" 체육 선생님은 잔뜩 아니꼬운 표정을 짓더니, 쭈그려 앉아 내 손목을 붙잡아 들었다. 뭘 하시려는 거지, 생각할 겨를도 없이 불호령이 떨어졌다.

"맥박도 별로 안 빠르구먼! 이게 어디서 꾀를 부리고 앉아있어? 가! 뛰어!"

"아…."

나는 순간 넋이 나간 애처럼 멍하니 있었다. 어쩌면 그게 선생님의 성질을 더 긁어놨던 건지도 모른다.

"다른 애들 다 멀쩡하게 뛰는데 왜 너만 못 뛰겠다는 거야? 너만 숨차고 힘든 줄 알아? 너 전학 온 놈 맞지? 전에 학교에서는 그렇게 가르쳤어? 조금이라도 힘든 거 있으면 엄살부터 부리고 말이야. 나약해 빠져서는…. 빨리 안 뛰어!"

체육 선생님은 말을 마치자마자 회초리로 내 등을 후려쳤다. 나는 순간 정신이 바짝 들어서 자리에서 일어났다. 그리고 쌕쌕거리는 호흡으로 다시 뛰었다. 그런 내 모습을 체육 선생님은 아주 흡족한 얼굴로 지켜보고 있었다. 얼마 안 가서 내가 운동장 바닥에 철퍽 쓰러져 뒹굴기 전까지는.

나는 곧장 보건실로 옮겨졌고, 학교 끝나자마자 병원에서 이런저런 검사를 받았다. 의사는 천식과 기관지염이 있어 당분간 격렬한 운동은 자제해야 한다고 말했다. 다음 체육 시간에 선생님은 나를 운동장 구석으로 데려가서는 "그땐 미안했다. 왜 천식이 있다고 진작 말하지 않았니?"라며 멋쩍은 사과를 건넸다. 나는 왠지 죄송하다고 대답했고, 다음 체육 시간부터 달리기 같은 유산소 운동에서 열외가 됐다. 그 때문인지는 몰라도 새 학교에서 친구가 생기기까진 무척 오랜 시간이 걸렸다.

어떤 면에서 외로움이란 마음의 천식과 같다. 하루 24시간 내내 고통에 몸부림치는 병은 아니지만, 무언가 영혼 단위로 쏟아내야 하는 일에 있어선 금방 힘이 빠지고 지쳐버린다. 분명한 증상이 있음에도 불구하고 대부분은 쉽게 인지하지 못한다. 뒤늦게 알아차려도 언제 어떤 원인으로 발생했는지는 알 수 없다. 차이가 있다면 외로움은 천식처럼 간단하게 검증되지 않고, 그래서 존재 여부조차 부정되는 경우가 잦다는 것이다. 의사가 MRI라도 찍어서 '뇌의 어떤 부분이 남들과 달라 외로움을 느끼는 것이 확실합니다'라는 소견서를 내준다 한들 믿지 않을 사람도 있을 것이다.

부모님 세대가 어떤 환경에 둘러싸여 자랐는지 우리는 알 수 없다. 단지 추측은 해볼 수 있다. 있는 그대로의 감정을 인정받지 못하는 것이 부모님의 부모님 또는 그 훨씬 이전으로부터 내려온 유산은 아닐까 하고 말이다. 우리가 가진 어떤 감정들은 사회와 인간관계 속에서 사실상 금지돼 있다. 주로 증명 불가능한 부정적 감정들이 그렇다. 외롭거나 슬프거나 힘들거나 애달프거나 공허하거나 우울하거나 비통하거나 할 때, 우리는 입 밖으로 우리의 감정을 내는 일이 좀처럼 없거나 아주 어려운 일인 것처럼 느껴진다.

가령 자녀 중 한 명이 부모님께 가서 '슬프다'는 말을 꺼냈다 치자. 이때 부모님 세대의 반응은 십중팔구가 '왜?'일 것이다. 사람의 부정적 감정이라는 것 자체가 문제 상황이며, 빨리 원인을 찾아 해결해야 하는 것이라 여기기 때문이다. 어렸을 때부터 쭉 그래 왔다. 울면 울지 말라고 하고, 힘들다고 하면 원래 다 그렇게 힘든 것이라며 눈치를 주고, 화를 내면 왜 그깟 것으로 화를 내는지 이해할 수 없다는 식이다. 기성세대 역시 그렇게 성장했으리라고 생각하지만, 상처는 상처다. 상처받은 경험이 남에게 상처 주는 일을 정당하게 만들어줄 순 없다.

인간은 본디 감정적인 존재다. 슬프면 눈물이 나고, 힘들고 지치면 포기하고 싶은 법이다. 부모님 세대의 말처럼 이런 게 '나약함'이라면, 인간을 인간답게 만드는 것도 역시 나약함이라 할 것이다. 인간이 나약한 게 아니라, 나약한 게 인간인 것이다. '시키면 시키는 대로' 하는 건 사람이 아니라 기계가 가진 속성이다. 기계는 일이 힘들다고 불평도 불만도 하지 않는다. 그저 중단하라고 명령을 받거나, 혹은 물리적으로 망가져 계속할 수 없을 때까지 같은 일을 수없이 반복할 뿐이다.

우리는 태어나길 인간으로 태어났지만, 때때로 기계와 같은 비인간성을 요구받는다. 특히 부모의 경우가 그렇다. 부모님 세대는 가정을 꾸리고 자식을 낳는 순간부터 인간이 아닌 흡사 기계로서의 삶을 살아야 했다. 나가서 돈 벌어오는 기계 또는 밥 짓고 청소하고 빨래하는 기계가 돼야만 했다. 힘들고 고되도 입도 뻥끗 않는 게 당연한 일이었다. 우리 부모의 부모도 그렇게 살았기 때문에.

대부분의 90년생들은 '나 때는 말이야…'로 시작되는 레퍼토리에 이골이 났다. 반면 많은 기성세대는 우리를 매사에 끈기도 없고 이기적이고 나약한 존재로 여긴다. 그러나 외로움은 어떤 세대만의 전유물이 아니다. 현재에 사는 모든 사람들은 제각기 다른 방식으로 외롭다. 어떤 세대든지 '다른 세대보다 더 힘들고 외롭다'고 단언할 수 없는 이유다.

안타깝게도 우리는 당신들의 외로움과 슬픔을 이해할 수 없다. '나 때는 말이야, 걸어서 2시간 걸리는 거리를 혼자 등교하면서도 찍소리 한번 한 적 없어',

'그땐 세탁기가 뭐야? 겨울이면 꽁꽁 언 물에다 손빨래를 해야 했다니까', '그 시절 군대는 숨만 잘못 쉬어도 죽도록 맞아야 했다고. 밤마다 혼자 울고 그랬지', '우리 시어머니는 국이 짜다고 밥상을 뒤집는 거야. 그러고 나면 가족 중에 도와주는 사람 하나도 없었지' '우리 땐 야근이라는 말도 없었어. 어차피 매일이 야근이었으니까. 그런 마당에 야근수당 같은 게 어딨어?' 같은 말들을 들어도 우리에게는 와 닿지 않는다. 이미 잔뜩 괴로운 현실을 행복하게 느낄 수도 없다. 우리에게도 당신들이 결코 이해할 수 없는 외로움이 있으니까.

우리는 이해하려 마음먹을 때 비로소 이해받을 수 있는 존재가 된다. '왜 이해를 못 하는지 모르겠다'는 말은 서로를 더 외롭게 만들 뿐이다. 그래서 나는 이 글에서 '우리가 얼마나 힘든지 알아달라'는 말 대신에 이렇게 말하겠다. 힘들어도 괜찮은 사람은 세상 어디에도 없다. 우리보다 먼저 와서 참 고생 많았다. 진심으로.

다른 건
신경 쓰지 말고
공부만 하라 했으면서

신림동, 정확히는 대학동에 정착해서 살기 시작한 것도 어느덧 6년째에 접어들었다. 처음에는 저렴한 밥값이며 임대료 같은 것들에 혹해서 온 거였는데, 어느덧 내겐 두 번째 고향 같은 곳이 돼버렸다. 관악구와 신림동 치안이 좋지 않다거나 인심이 흉흉하다는 인식이 있긴 하지만 막상 살아보면 사람 냄새가 물씬 풍기는 동네다.

관악구는 서울 내에서도 인구가 제법 되는 행정구지만 내가 사는 대학동은 사법 고시가 폐지된 뒤부터 부쩍 사람이 줄어드는 추세다. 그래서 사람들이 흔히 떠올리는 고시촌의 이미지는 다소 희미해졌다. 여전히 공무원 시험을 준비하는 학생들로 붐비는 노량진과 비교하자면, 신림동은 주말에조차 쓸쓸한 느낌이 있다.

좁고 가파른 언덕길을 오르는 연두색 버스, 대중교통을 탈 때마다 지나치는 서울대학교 정문이며, 고시촌 저 너머로 보이는 관악산 연주대 또는 헐렁한 트레이닝복 차림으로 동네를 배회하는 고시생들의 모습까지. 시간이 지나 대체적인 동네의 풍경에 익숙해졌음에도 좀처럼 적응되지 않는 감각이 있다. 이건 뭐라

말로 설명하기가 복잡한 감각이다. 굳이 말하자면 위화감이라고 할 수 있을 것 같다.

고등학생이었을 당시 나는 경제 과목에 관심이 많았다. 이유는 모르겠다. 집이 가난해서 가진 것도 없었는데. 로렌츠곡선이니 지니계수니 하는 걸 보고 듣다 보면 나나 우리 엄마가 매일같이 겪고 있는 문제들 따위 별것도 아니라는 생각이 들었다. 세상 우울할 때도 '어차피 우리는 우주의 먼지에 불과한 존재들이야' 하고 생각하면 내 고민거리조차도 하찮게 느껴지며 오히려 웃음이 나오듯이 말이다. 당장 눈앞에 닥친 상황이 힘겨울 때, 와닿지도 않는 미지의 세계를 상상하는 건 생각보다 큰 도움이 됐다. 그래서 지구과학도 좋아했다. 깜깜해서 아무것도 안 보이던 밤하늘에, 알고 보면 우리가 못 보는 별들이 빼곡하다니. 재밌지 않은가.

하여간 경제 과목에서 나오는 개념 가운데 비교우위론이라는 게 있다. 다른 나라 간의 무역이 이뤄지는 원리를 설명하는 이론이다. 절대적인 생산력에는 차이가 있을 수밖에 없지만, 특정 재화를 생산하는데 드는 기회비용은 제각각이므로 국제무역 시장이 성립한다는 것이다. 요컨대 '각자가 처한 상황에서 가장 효율적으로 할 수 있는 걸 찾아 투자해야 한다'는 이론이다. 대한민국 땅에서도 오렌지 농사가 가능하기야 하지만, 굳이 머나먼 캘리포니아에서 수입해오는 것처럼 말이다. 한반도의 지형이나 면적을 고려해보자면 아무리 투자해봐야 미국에서 수입해오는 것보다 효율이 떨어질 수밖에 없다.

이런 비교우위의 개념을 국가가 아닌 '세대'에 대입해 생각해보면 이렇다. 중장년층이라고 물리적 노동이 불가능한 건 아니지만, 아무렴 체력적으로 봤을 때 젊은 사람들보다 못할 수밖에 없다. 따라서 육체노동에 있어선 청년층 쪽에 명백한 비교우위에 있다고 볼 수 있다. 이런 관점에서 봤을 때 고시촌만큼 비효율적이고 기형적인 구조도 없다. 여기서는 청년들이 학원과 독서실에 틀어박혀 펜을 굴리고 있는 반면, 식당이나 배달 그리고 카페 운영이며 세탁소, 마트 재고 관리에 이르기까지 물리적인 부담이 제법 큰 일들은 중장년층이 하고 있기 때문이다.

내 생각에 대학동 고시촌에서 가장 고된 물리적

노동을 하시는 분은 빈 박스와 파지를 수거하시는 할머니다. 할머니는 연휴도, 주말도 없이 1년 365일 쉬지도 않고 골목 구석구석으로 리어카를 끌고 다니시는데, 춘추가 올해로 팔순이 되셨다고 했다. 물론 세상 몸 힘든 일을 젊은 사람이 다 해야 한다고 주장하려는 건 아니다. 늙은 개가 새로운 재주를 배우기 힘들다는 말도 있듯 공부든 뭐든 젊어서 쌓아놓는 쪽이 진짜 비교우위일 수도 있다. 다만 그 할머니가 당신 몸집보다 몇 배는 큰 수레를 끌고 다니고, 하얗게 샌 머리에 얼굴 주름이 자글자글한 노인이 주방에서 땀을 뻘뻘 흘리며 일하는 반면 책상과 의자에 달라붙어 옴짝달싹 못하는 우리 세대를 보다 보면 참 복잡한 기분이 드는 것도 사실이다.

*

집 근처 5분 거리에 자주 찾는 분식집이 있었다. 그 식당을 운영하는 중년의 부부에게는 젊은 아들이 하나 있다고 했다. 몇 년 전에 대학을 졸업한 뒤 호주로 유학을 떠났다는데, 현지에서 다니던 학교를 한참 전에 그만두고도 돌아올 기미가 없다는 모양이었다.

"취직을 할 것 같지는 않아요. 내가 봤을 땐." 음식을 하시면서 어머님이 말씀하셨다.

"다른 공부를 할 생각이라는데 뭘 할 거라고 정확하게 얘기해주는 것도 없고…. 답답하지. 엄마 된 입장에서는."

"맞아요. 답답하실 거 같아요." 듣고 있던 내가 말했다.

"차라리 귀국해서 여기 일을 같이 도와주면 좋을 텐데."

"그게 무슨 귀신 씨나락 까먹는 소리야! 식당일 시킬 거였으면 대학은 왜 보내고 유학은 왜 그 먼 곳까지 보내겠어? 돈이 썩어 남아서 그러는 거야?" 듣고 있던 사장님이 더럭 역정을 내며 말씀하셨다.

"가뜩이나 여기 경기도 안 좋은데. 어떻게든 공부를 해서 가능성을 찾아보게 해야지!"

사장님은 한동안 사법 고시 폐지 이후 고시촌 경제가 반토막 났다는 얘기, 그 빌어먹을 로스쿨 때문에 개천에서 용 나는 것마저 불가능해졌다는 얘기들을 토로하시다가 가게 뒤쪽으로 나가 담배를 태우셨다. 나가는 길에 쓸쓸한 혼잣말로, 여기도 언제까지 계속

할 수 있을지 모르겠다며 중얼거리셨다. 자기 자식을 공부시키기 위해 다른 자식들이 공부하는 곳에서 밥을 해먹이고 있다는 것이, 나는 왠지 모르게 비극적인 일처럼 느껴졌다. 그 분식집은 그로부터 반년이 안 돼 문을 닫았다.

*

좀 더 나은 사회, 성숙한 사회가 되기 위해서는 국민들의 수준이 높아져야 한다는 얘길 흔히들 한다. '아는 것이 힘이다'나 '모든 국가는 그 수준에 맞는 정부를 가진다'는 말들을 인용하면서, 국민이 똑똑해야 나라 운영도 똑똑하게 된다고 말한다. 일리가 있는 주장이다. 단지 나는 '똑똑한 국민'에서의 '똑똑함'이 어떤 부분에서의 수준을 의미하는 건지는 잘 모르겠다. 어떤 지식을 어느 정도 수준으로 알아야 똑똑한 사회 구성원이라 할 수 있을까? 가령 우리 세대가 이전 세대보다 수준이 높은가? 같은 질문을 해볼 수 있다. 보기보단 꽤 까다로운 문제다. 어느 것을 기준으로 잡는지에 따라서 다양한 대답이 나올 수 있다.

평균 학력을 수준의 척도로 쓴다면 두말할 것 없

이 우리 세대가 훨씬 똑똑하다고 대답할 수 있을 것이다. 일정 연령까지 의무교육이 법제화됐고, 엄청난 대학 진학률을 기록했을 뿐 아니라 교육의 질 자체도 높아졌기 때문이다. 그런데 기성세대가 사회 초년의 90년대생들에게 하는 말들을 보면 꼭 그런 것 같지도 않다. '요즘 친구들은 공부만 할 줄 알지 일처리는 말짱 꽝이라니까', '학교에서 정말 공부만 했어? 왜 이렇게 눈치도 센스도 없어?', '대학 나와 봐야 무슨 소용이야, 복사기도 하나 제대로 못 만지는데' 같은 얘기 말이다. 우리 세대는 부모님 세대에 비해 훨씬 높은 수준의 교육을 받으며 성장했지만, 정작 '요즘 젊은 세대가 우리보다 훨씬 뛰어나다'고 진심으로 말하는 어른은 많지 않다. 오히려 '뭐 하나 제대로 할 줄 아는 것이 없다'고 생각하는 쪽이 더 많은 것으로 보인다.

'다른 건 못해도 괜찮으니 공부만 잘해라'는 얘기를 귀에 딱지 앉도록 들었다. 오죽하면 학교에서 공부 잘하는 친구들은 선생님의 눈 밖에 나는 행동을 해도 암묵적으로 용인되는 분위기였다. 때문에 공부만 좀 하면 굶어 죽을 일은 없을 줄 알았다. 그래서 수험

생활이 끝나고 서울에 있는 대학에 합격했을 땐 '고생 끝 행복 시작이군' 같은 철없는 생각도 했다. 고3이 되기 전까지만 해도 내가 인서울에 성공할 것이라곤 누구도 예상치 못했던 것이다. 나 자신조차도. 그러다 보니 대학에 진학하는 것만으로도 그 정도 수준의 삶이 보장될 줄로만 알았다. 지독한 냄새가 나고 여름이면 바퀴벌레 득시글거리는, 그 초라한 임대 아파트에서 끝끝내 계급 사다리를 타고 기어 올라온 줄로만 알았다.

그러나 머지않아 깨달았다. 나는 대학에 합격했을 뿐 아무것도 모르고 있다는 것을. 정말 아무것도 몰랐다. 공과금 납부도, 서류 발급도, 은행 업무도, 심지어 과일 깎는 법과 분리수거하는 법조차도 몰랐다. 처음엔 국가장학금도 신청하는 법을 몰라 차액만큼 학자금 대출을 해야 했다. 근로기준법을 몰라 한 달치 아르바이트 월급을 받지 못했고, 주택임대차보호법을 몰라 보증금을 떼였다. 그쯤 되니 내가 대체 뭘 알고, 뭘 배웠던 건지 알 수 없었다. 내가 학교에서 그렇게 죽어라 공부했던 건 대체 뭐였지? 나는 왜 이렇게 멍청하고 한심한 거지?

시간이 흘러 내게도 나름의 생활력이 생기긴 했지만, 정말 우리 사회에서 말하는 '공부'라는 것이 당최 어떤 의미가 있는지는 아직도 잘 모르겠다. 모든 국민이 미적분을 알 필요는 없다고 생각한다. 그런데 우리 세대는 문과까지 미적분의 기본 정도는 배워야 했던 것이다. 요즘은 초등학생 때 이미 미적분을 선행 학습한다는 이야기도 들었다. 국영수를 비롯한 기초 교과들이 중요하지 않다는 건 아니다. 말하고 싶은 건 어디까지나 우선순위의 문제다. 우리는 학교에서 오히려 실생활에 가깝다고 여겨지는 기술, 가정, 음악, 미술과 체육 같은 과목을 이수하긴 했지만, 국어나 수학만큼 중요하다고 여겨진 적은 없었다. 모든 교과목이 똑같은 가중치로 평가받을 수는 없겠지만, 주요 과목 이외의 지식들이 도외시되는 경향이 있다는 건 부정할 수 없는 사실이다. 그렇다 보니 학생들 사이에서는 예체능 수업 시간에 수학 문제집이나 영단어장을 펼쳐놓고 공부하는 일이 당연하게 여겨졌다. 오히려 그렇게 하지 않으면 바보처럼 느껴질 지경이었다.

뭐가 됐든 배운다는 건 멋진 일이다. 국어와 수학, 영어와 탐구 과목이 현대사회에서 얼마나 중요한 지식이냐 하는 건 설명이 필요 없다. 그러나 우리는 살아가는 데 있어 중요한 어떤 것들은 학교가 아니라 스스로 찾아 배울 수밖에 없었다. 경제적으로 스스로 어떻게 관리를 해야 하는지, 수많은 타인으로 둘러싸인 사회에서 어떻게 조화를 이루며 살아야 하는지, 스스로의 삶에서 어떤 것에 비중을 두고 어떻게 할애하며 살아야 하는지 같은 것들. 이런 것들을 학교에서 미리 가르쳐줬더라면 나는 그만큼 힘들거나 상처받지 않아도 됐을지 모르고, 힘들게 들어간 대학에서 자퇴하지 않아도 됐을지 모르는 일이다.

'공부만 할 줄 알았지 도통 할 줄 아는 게 없는 세대'라는 말 자체는 부정하고 싶지도 않고 어느 정도 사실이라고 느낀다. 하지만 당신들이 만들어놓은 시스템 아래에선 우리도 어쩔 도리가 없었다는 걸 알아줬으면 좋겠다. 언제는 '딴 거 신경 쓰지 말고 공부만 하라'고 해놓고 이제 와서 '공부밖에 못한다'니. 누워서 침 뱉기 아닌가. 내 스스로도 답답한데 기성세대들은 얼마나 답답할까 싶다마는, 90년생이라고 못하고 싶어서 못하는 사람이 어디 있겠느냐고. 전자세금계

산서 발급이나 팩스 보내는 법 따위를 가르쳐주지 않는 우리 시대의 교육은 왜 지적하지 않느냐고.

나는 모든 국민이 지적으로 우수할 필요는 없다고 생각한다. 모두가 반드시 대학을 나올 필요도 없고, 꼭 토익 900점을 넘길 필요도 없다. 그런 건 하루하루를 살아가는 일에 그리 큰 영향을 끼치는 것도 아닐 테니까. 정말 중요한 것은 살아감에 있어 자신의 정당한 권리를 지킬 수 있을 정도의 상식이다. 부당한 사유로 인해 불이익을 받거나, 권리를 행사하는 법을 모르거나 혹은 아예 그런 게 있다는 사실조차 모르고 사는 일들이 없도록 말이다. 그래서 나는 오늘을 살아가는 모두에게 묻고 싶다. 우리는 지금 자라나는 아이들에게 정말 중요한 것들을 가르치고 있는지.

우리는 부모님의 '부캐'가 아니에요

'부캐'는 온라인 게이머들 사이에서 흔히 쓰이는 용어다. '부 캐릭터'를 줄인 것인데, 주로 롤플레잉 게임에서 최초로 키운 '본캐(본래의 캐릭터)'를 어느 정도 육성한 뒤에 새로 만든 계정을 일컫는다. 요즘은 부쩍 일상에서도 쓰이는 표현이다. 가만 보면 잘 이해가 되지 않는 행동일 수 있다. 게임 속 캐릭터는 게이머에게 있어 일종의 분신이다. 그렇다면 처음 만들었던 캐릭터에 애착을 갖고 쭉 플레이하는 케이스가 더 많아야 하는 것 아닌가.

그러나 게임에서의 첫 캐릭터는 '본캐'임과 동시에 '망한 캐릭터'인 경우가 많다. 왜냐? 어떤 게임을 새로 시작한다는 것은 새로운 세계를 마주한다는 의미이기도 한데, 그 세계에서의 실수와 그 실수들로 말미암은 시행착오들을 첫 번째 캐릭터를 통해 겪기 때문이다. 예컨대 마법사가 제일 유망한 캐릭터인줄 모르고 전사를 선택했다거나, 어떤 구간에서 꼭 수행했어야 할 퀘스트를 빼먹어서 진행이 꼬인다거나, 힘이 중요한 직업을 선택해놓고는 지능에 능력치를 낭비한다거나, 유용한 스킬 대신 활용도 낮은 기술에만 잔뜩 투자했다거나, 아니면 닉네임에 실명을 넣어버려서 플레이에 여러 애로 사항이 발생한다거나 하는 일들까지.

처음 접하는 게임에서 이런 실수들을 저지르는 건 무척 자연스러운 현상이다. 누구에게나 첫 경험이란 어설프고 허점투성이인 법이니까. 그래서 우리는 본캐로 어느 정도 세계에 대한 이해를 끝마친 뒤에 새로 만드는 캐릭터, 즉 부캐를 키울 때는 처음부터 심혈을 기울여 진로를 결정하곤 한다. 초반에는 어떤 직업을 선택해야 하고, 뭘 해야 하고, 뭘 하지 말아야 하고, 어떤 아이템을 입수해 유리한 환경을 만들지를 계산해서 키우는 것이다. 첫 캐릭터로서 경험해야 했던 온갖 헛고생, 스트레스, 불이익으로부터 비교적 자유로이 게임을 플레이할 수 있게끔 말이다.

하지만 현실은 게임과 다르다. 태어나 성장하면서 온갖 실수를 저지르며 어른이 되는 것까지는 똑같지만, 인생은 단 한 번뿐이라 '부캐'를 만들 수 없다. 혹자는 전생에 대한 기억을 이야기하는 경우도 있고, 불교와 힌두교에서는 환생의 개념이 등장하기도 한다. 정말 윤회라는 게 실존해서 2회 차 인생을 시작할 수도 있겠지만, 우리들 대부분은 지금의 이 삶을 처음이자 마지막으로 여긴다. 죽어본 경험이나 기억이 없는 우리로선 확신하기 어렵기 때문이다.

일부 부모들은 자녀를 부캐로 오인하는 경우도 있는 것 같다만 세상에 어느 부캐가 자아를 갖고 제멋대로 움직이는가? 자녀는 부모의 서브 캐릭터가 아니다. 그저 의도치 않게 게임을 시작해버린, 또 한 명의 유저일 뿐이다. 하지만 대한민국의 부모들이 슬하의 자식을 자신의 부개쯤으로 생각하는 케이스는 매우 흔한 것 같다.

부모들은 '공부를 열심히 안 해서', '생각 없이 담배를 피우기 시작해서', '명문대에 가지 못해서', '형편없는 배우자를 만나서', '미리 목돈을 마련해놓지 않아서' 겪어야 했던 고통과 후회들을 자식 세대에 물려주고 싶지 않으며, 한편으로는 '나도 기회만 있었다면 충분히 잘할 수 있었다'는 명제를 자식의 성공을 통해 증명하고자 한다. 이미 고꾸라졌다고 생각하는 자신의 행복 대신에, 나와 닮은 자녀를 아바타 삼아 제2의 삶을 이룩하려 애쓴다. '헬리콥터 맘'이라는 단어가 등장한 것도, 뭇 부모들이 자식더러 '다 너 잘 되라고 이러는 거야', '내가 널 어떻게 키웠는데' 같은 말을 하는 것도 모두 이런 심리로부터 기인하는 것이다.

만족하지 못하는 삶을 사는 부모는 자녀에게 자아를 투영시키며, 자녀를 성취하지 못했던 목표 및 욕구를 달성해주는 대리자로 여긴다. 이런 패턴은 생각보다 역사가 오래됐다. 프랑스 출신 작가 기 드 모파상의 19세기 후반 작품인《여자의 일생》만 봐도 알 수 있다. 이는 귀족 출신의 여성 '잔느'의 일대기를 그린 작품이다. 부모가 된 잔느는 뜻처럼 되지 않은 자신의 삶을 아들인 '폴'에게 몽땅 쏟아붓는다. 이때 드러나는 잔느의 모성애는 평범한 수준을 넘어 집착적이다. 폴의 애정 표현에 따라 하루의 기분이 좌우되는가 하면, 폴의 모든 외부적 자극을 차단하려 드는 과보호적인 성향도 보인다. 어머니의 이런 행태에 염증을 느낀 폴은 성인이 되기 무섭게 집을 떠나버린다. 나머지 내용은 직접 읽어보는 것을 추천한다.

핵심은 부모가 자식의 삶에 지나치게 개입하는 일이 동서고금 남녀노소 그리 드문 일도 아니라는 점이다. 인간은 어떤 형태로든지 자신의 삶에서 나름의 의미를 찾으려 하는 동물이다. 터무니없이 낭비한 청춘을 후회하고, 이제는 인생의 황혼기를 마주해야 하는 당신들이 우리에게 갖는 기대가 무작정 잘못됐다고만 할 순 없다. 그 기대마저도 또 다른 형태의 사랑이기 때문이다. 비록 그 사랑이 자녀가 선택한 삶 그 자체가 아닌, 자녀의 모습 속에 스며들어 있는 당신의 파편을 향한 것이라 할지라도.

*

학창 시절의 일이다. 담임 선생님과 어머니의 면담 자리였다. 나도 옆에 있었는데, 무슨 이유로 면담을 했던 건지는 잘 모르겠다. 아마도 내가 무슨 사고를 쳤던 것 같다. 하기야 초등학교 6학년 때는 학교 곳곳에서 문제를 일으키고 다녔으니까.

내가 반성하는 얼굴로 얌전히 앉아 있는 동안, 어른들의 대화가 줄곧 이어졌다. 대화 말미에 엄마가 대뜸 꺼낸 말이 기억난다.

"이 놈이 공부를 안 해서 그렇지, 하면 잘할 애예요. 머리는 좋거든요."

"그러니까요. 좀 잘해보면 좋을 텐데." 담임 선생님이 맞장구쳤다.

그 이후로 엄마는 내게 "왜 공부를 안 하냐. 넌

머리가 좋아서 조금만 해도 금방 성적이 나올 텐데." 라는 말을 잊을 만하면 꺼냈다. 내 자신감을 키워주려고 하는 소리가 아니라, 매번 확신에 찬 표정으로 이야기했다. 지금 생각해보면 결국 자기 자신에 대한 기대였을지도 모른다. 내 자식이니까. 나도 기회만 있었다면 이것보단 더 잘할 수 있었을 테니까. 원래는 머리가 나쁘지 않다는 걸 증명해 보이고 싶으니까.

그래서 나는 정말 내 머리가 좋은 줄만 알았다. 조금만 공부해도 좋은 결과를 얻을 수 있을 줄 알았다. 하지만 내 성적은 중학교에 입학한 뒤부터 계속 떨어지기만 했다. 처음엔 당황스러웠다. 나는 머리가 좋은 게 아니었나? 수업만 듣고도 평균 이상은 할 줄 알았는데. 그래서 난생처음으로 공부라는 걸 스스로 해봤지만 점수는 오르지 않았다. 한 학급에 40명이 있으면 그중에서 35등쯤에 내가 있었다.

그런 상황이 이어지자, 엄마는 어느 시점부터 '머리가 좋다'는 말을 거의 하지 않았다. 대신 '꼴통 주제에 대학을 뭐 하러 가려고 하냐'고 했다.

"수학이랑 영어는 타고나는 거야. 내가 봤을 때 넌 가능성이 없다." 이미 실망을 넘어 단념한 엄마는 내게 시선도 주지 않고 말했다.

"해보지 않으면 모르는 거지…." 나는 상처받아서 이렇게 말했다. 제 딴에는 반항이었다.

"하긴 뭘 해? 나도, 너희 아빠도 머리가 나빠서 대학 못 갔다. 넌 뭐가 다를 것 같냐? 시간 낭비하지 말고 기술이나 배워라. 그게 낫겠다. 어휴, 괜히 머리도 나쁜 애를 인문계 학교로 보내서. 공고 갔으면 뭐라도 배워서 공장이라도 갈 텐데." 엄마가 재떨이에 담배를 비벼 끄고는 내게 눈길 한 번 주지 않고 현관문 밖으로 나갔다.

나는 엄마의 말이 옳다고 생각했다. 때때로 우리는 자신의 능력을 과대평가한다. 사람들은 노력하는 만큼 좋은 결과가 돌아온다고 말하지만, 실제로 그렇지 않다는 것쯤은 다 알고 있다. 단지 인정하고 싶지 않을 뿐이다. 공부를 잘하는 유전자가 존재한다는 것. 타고나지 못한 인간은 아무리 해도 칼로 물 베기라는 것. 명문대를 나온 부모들에게는 으레 명문대에 간 자식이 있지만, 고등학교도 겨우 나온 부모에게는 대학 문턱도 못 밟아본 자식들도 많다는 것.

노력하지 않았다거나 최선을 다하지 않았다는 말

은, 어쩌면 일말의 가능성을 위해 내놓는 변명이다. 기성세대는 자식 세대가 별 볼 일 없는 성과를 거두는 걸 보면서 어떤 생각을 했을까? 정말로 나라가 망할 것을 걱정했을까? 경제성장률이 마이너스로 떨어질까 두려웠을까? 글쎄, 나는 그냥 미웠을 거라 생각한다. 한심한 데다 어리석고, 세상 물정도 모르면서 하고 싶은 건 많고, 현실성 없는 목표나 계획을 늘어놓는가 하면 그마저도 얼마 못 가 포기하고 마는, 우리에게서 당신들의 모습 일부가 비쳐보이기 때문에.

소싯적에 〈프린세스 메이커 2〉라는 게임을 했었다. 입양한 딸을 잘 보살펴서 어엿한 어른으로 키워내는, 부모의 마음을 간접적으로나마 경험할 수 있는 게임이다. 내가 처음 키운 딸은 형편없었다. 어디에 집중하기보다 이것저것 좋아 보이는 걸 마구 해버린 탓에 사냥꾼 같은 어정쩡한 엔딩이 나와버렸다. 두 번째도 별 다를 바는 없어서 착한 귀족에게 시집을 보내 그저 그런 삶을 살게끔 만들어버렸다. 결국 세 번째부터는 인터넷에 공개된 각종 공략들을 참고해가면서 왕비도 만들고, 왕과 결혼시키는 엔딩까지 달성했지만, 그다지 기분이 유쾌하진 않았던 것 같다.

왜였을까? 10년 넘게 지난 지금에 와서 생각해 봤다. 전국을 떠도는 용병이 됐던 딸은 과연 불행했을까? 지체 높은 왕비가 됐을 땐 정말 행복했을까? 어쩌면 딸은, 아빠가 공략을 찾아 성공하는 삶을 만들기 위해 시키는 대로가 아닌 자신만의 삶을 살고 싶어 했을지도 모를 일이다. 지식을 쌓기 위해 지루한 수업을 듣는 대신, 바깥에 나가서 친구와 뛰어놀고 싶었을지 모른다. 내가 그 나이 때 꼭 그랬던 것처럼.

〈프린세스 메이커〉는 잘 만든 게임이다. 다만 지나치게 진지를 잡수고 얘기해보자면, 내가 그 게임 속 딸이었을 때 행복했으리란 확신은 들지 않는다. 아마도 나라면 메이커를 필요로 하지 않을 것이다. 누구라도 그럴 것이다. 게임 속 캐릭터가 아닌 현실의 사람이라면, 누가 만들어주는 인생보단 내가 선택해 만들어 가는 인생을 선택할 테니까. 만일 내 인생이 게임이라면, 타이틀은 〈프레지던트 메이커〉나 〈CEO 메이커〉, 또는 〈로이어 메이커〉 같은 거 말고 그냥 내 이름이면 좋겠다. 태어나 죽는 그 순간까지 온전한 나 자신일 수 있게. 부디 그럴 수 있게.

1년도 못 버티는 '습관성 퇴사 증후군'이라

젊은 세대가 끈기 없다는 지적은 늘 있었다. 근거 없는 주장도 아니다. 실제로 대학교를 졸업하고 취업에 성공한 청년층 신입 사원 10명 중 2~3명이 1년도 채 못 돼 퇴사를 결심하며, 통계청에서 발표한 우리 세대의 평균 근속 연수는 3년에도 미치지 못한다고 한다. 취업준비생들이라면 누구나 한 번쯤 꿈꾸는 대기업조차 사정은 비슷하다. 지금이 어떤 때인가? 취직난에 일자리 부족으로 나라가 망해간다는 판국이다. 어렵사리 취직에 성공했다면 꽉 붙잡고 있어도 모자랄 판인데, 몇 년도 버티지 못하고 뛰쳐나오는 것이다.

그야말로 아이러니한 일이다. 자신을 거둬준 회사에 뼈를 묻는, 이른바 '평생 직장'의 개념까지는 아닐지언정 커리어 측면에서 불이익을 보지 않기 위해서라도 몇 년 쯤은 버텨보는 게 합리적인 선택일 것이다. 하지만 우리 세대에서의 퇴사나 이직은 항상 마음 속 깊은 곳에 자리한 가능성이며, 언제든지 덜컥 일어날 수 있는 종류의 사건이다. 불과 1~2년 전 그럴 듯한 직장에 취직했다던 친구가 근황 확인 차 연락을 해보니 백수가 돼있다든가, 혹은 창업을 하게 됐다든가

하는 경우는 비일비재하다.

더구나 구체적인 사유가 있는 사람보다 명백한 이유가 없이 그만두는 사람들이 더 많다. 한 구직 사이트의 통계에 의하면, 신입 사원의 조기 퇴사 사유 가운데 가장 많았던 대답이 '생각했던 직무가 아니어서'였다고 한다. 남의 돈 벌어먹는 게 쉬운 일도 아니고, 어떻게 원하는 일만 하면서 월급을 받아가려고 한단 말인가? 어떻게든 적응하려고 노력해도 모자랄 텐데 말이다. 그렇게 쉽게 관둬버릴 거면 몇백 대 일의 경쟁률은 뭣하러 힘들게 뚫고 들어온 거야? 글쎄… 우리도 잘 모른다. 아마 본인도 잘 모를 것이다. 그런 우릴 지켜보는 기성세대의 당혹스러움도 전혀 이해 못하는 바는 아니다.

뚜렷한 퇴사의 징후 같은 것도 찾아보기 힘들다. 당연한 일이다. 결심이 서지도 않은 상황에서 회사 상사들에게 '저 곧 그만두려고요 헤헤' 하고 떠들어댈 만큼 넉살 좋은 인간은 얼마 없다. 당신들에게 우리의 퇴사는 아주 느닷없이 일어나는 해프닝, 준비 없이 맞이한 벼락 같은 상황이 아닐까 싶다. 그만둘 때 그만두더라도 미리 깜빡이 좀 켜주면 어디 덧나냐고. 어쩔 수 없는 사정이라면 도와줬음 도와줬지 욕지거리는 하지 않을 텐데, 무슨 신념이 있고 소신이 있어서 그리 쉽게 그만둬버린단 말인가.

그건 오해다. 우리 세대가 퇴사하는 이유는 명확한 비전이 있어서가 아니라, 그냥 두려워서다. '그만둘 이유가 있어서'보다는 '계속할 이유가 없어서'에 가까울 것이다. 예컨대, 군대에서는 버틸 수밖에 없는 이유가 있다. 탈영은 빼도 박도 못하는 범죄이기 때문이다. 선임에게 아무리 정강이를 까인다 해도 영창에 끌려가 범죄자 신세로 전락하는 것보단 낫지 않은가. 또 대한민국에서 남자로 태어난 이상 국방의 의무는 어떤 형태로든 수행할 수밖에 없다. 무엇보다 군 생활에는 제대라는 확실한 엔딩(예비군이 남아 있긴 하지만), 언젠간 말년 병장이 돼 비교적 편안한 일상을 영위할 수 있으리라는 기대와 희망이 존재한다.

한편 회사 생활은 다르다. '이러저러한 것에도 불구하고 내가 계속 일할 이유가 있나?'라는 질문에 명확한 답을 내리기란 쉽지 않다. 기성세대의 경우 책임져야 할 가정이나 성장 일로에 있는 회사로부터 보장

받을 수 있는 자리 같은 것들로 대답할 수 있을지 모른다. 하지만 우리 세대는 부모님의 기대쯤을 제외하면 책임질만한 것도 마땅히 없을뿐더러 성장은 정체된 지 오래다. 이런 상황에서 몇십 년 동안 한 회사에 충성해봤자 얻을 수 있는 게 뭘까? 일단 안정성에는 큰 메리트가 없다. 애초에 대기업에 취직할 때까지의 고등교육과 취업 과정을 뒷바라지해줄 수 있는 부모가 있다는 것 자체가 '가족의 안녕을 위협할 정도의 경제적 압박'에선 어느 정도 자유롭다는 것을 의미하기 때문이다.

그러니까, 정말이지 기성세대는 너무 열심히 일했다. 우리가 우리 자신이나 피가 섞인 이들의 생존을 애써 책임질 필요가 없을 정도로 많을 것들을 이룩해놓았다. 그래서 젊은이들은 필사적으로 노동에 몰두하는 대신, 삶에서의 진정한 행복이 무엇인지를 고민한다. 젊음이라는 기회비용을 감당하기에 지금의 삶이 과연 그만한 가치가 있는 것인지를 골몰한다.

누구에게나 관성이라는 게 있다. 요즘 젊은이들이라고 다를 건 없다. 가능하다면 한 번 적응한 환경에서 동기와 새로운 자극을 찾으며 눌러앉으려 노력도 해본다. 그러나 상황은 좀처럼 개선될 기미가 없고, '나는 이대로 같은 일상을 지속하면서 청춘을 보내는 것인가' 하는 추상적 공포에 사로잡히게 되면, 포털사이트에 '퇴사하는 법' 따위를 한두 번 검색해 보게 된다. 틀에 박힌 것 같은 일상 속에서 '퇴사'라는 행위가 가져다줄 비일상적 경험을 꿈꾼다. 퇴직금을 털어서 어딘가 여행이라도 가볼까, 시간이 없어 못했던 운동이나 취미 생활도 시작하는 거야, 바쁘단 핑계로 못 봤던 사람들도 모두 만나야지, 이 같은 생각을 하나둘 하다 보면 쉽사리 하던 일로 되돌아가기 어려워진다.

물론 다니던 회사를 관둔다고 해서 인생에 거대한 변화가 일어나거나 그런 변화를 가능케 할 결정적 계기를 맞이하게 되는 케이스는 손에 꼽을 만큼 적다. 대부분은 벌어놨던 돈으로 몇 달쯤 소비지향적 삶을 이어가다가, 또다시 취업 시장에 뛰어들어 또 다른 직장에 들어간다. 새 직장에서 하는 일은 또다시 '생각했던 것과 다른 일들'일 것이고, 그런 삶을 반복하다가 결혼을 하거나 나이 드신 부모님에게 힘을 보태야 하는 상황이 되거나 어떻게든 삶에 책임감이라는 것이 싹 틔운 뒤에는 삶을 지속해나갈 수밖에 없다.

우리는 오랜 근속 연수의 보상이 사랑하는 가족과의 단절이고, 사무적으로 변해버린 인간관계이고, 지방간이나 심근경색증 같은 만성질환이고, 타성에 젖어 잃어버린 열정이며 도전 정신이라는 것을 알고 있다. 다른 누구도 아닌 부모님 세대의 모습을 통해 배웠다. 인생 전체를 통틀어 하고 있던 뭔가를 '관두고' 어떤 형태로든 새로운 모험을 할 수 있는 시간이 그리 길지 않다는 것을 본능적으로 깨닫고 두려워한다. 그리고 부모님에게서 머지않은 미래의 내 모습을 발견하고 겁이 날 것이다. 어느 날에는 젊었던 우리조차 문득 늙어있는 모습을 발견할 것이다. 집안의 기둥으로서, 듬직한 배우자 또는 아이의 부모로서 도망칠 수 없는 삶에 갇히고 말 것이다. 한때 우리만큼 젊었던 당신들 역시 그랬던 것처럼.

요즘은 자고 일어나면 세상이 바뀌어 있다. 잠든 사이에도 새로운 콘텐츠가 우후죽순으로 쏟아지고, 몇 년 전에는 상상하지도 못했던 스마트폰 같은 물건이 등장하는가 하면, 듣도 보도 못한 직업까지 나타나서는 인플루언서네 크리에이터네 하며 거리 곳곳을 활보한다. 한편으로는 행복한 삶의 기준도 그만큼 다양해져서, 우리는 당최 어떤 것이 진짜 행복을 추구하는 일인지 구분할 수 없는 지경에 이르렀다. 선택지가 몇 개 없는 것도 문제지만, 길이 너무 많아서 겪게 되는 혼란도 문제이긴 매한가지다. 서로 다른 영역에서 골치를 썩을 뿐이지 결핍과 과잉 중에 어느 것이 더 힘든가를 따지는 건 무의미하다.

요약하자면, 우리의 습관적 퇴사는 일찍이 당신들이 겪었던 슬픔을 그대로 답습하지 않고자 나름의 발버둥을 치는 셈이다. '그럴듯하게 포장했을 뿐 그냥 좀 더 팔자 좋게 살아보겠다는 심보 아니냐'고 한다면, 솔직히 말해 그렇다고 대답하겠다. 그야 당연한 것 아닌가. 존경하는 마음과는 별개로, 부모님의 힘겨웠던 삶의 발자국을 뒤따라 걷지 않겠다는 마음이야 당신들에게도 조금씩은 있지 않았나. 우리도 마찬가지다.

우리에게
'말 걸지 않는 택시'가
필요한 이유는

몇 달 전, 카셰어링 스타트업 '타다'와 관련한 반대 시위 과정에서 일흔이 넘으신 택시 기사 한 분이 분신자살했다는 기사를 읽었다. '몸이 불에 타는 고통'은 사람이 느낄 수 있는 통증 중에서도 가장 극심하다고들 한다. 모든 이해관계를 떠나서, 어떤 한 인간이 그토록 고통받으며 죽어갔다는 사실은 명백하게 슬프고 안타까운 일이다.

나는 프리미엄 택시 서비스쯤으로 알고 있던 '타다'가 그토록 강한 저항을 받고 있다는 데 큰 충격을 받았다. '저 정도로 심하게 대응할 일인가'라는 생각보다는 '왜 나는 이걸 보지 못하고 있었을까'라는 생각이 먼저 들었다. 돌이켜보면 단서는 눈에 띄는 곳곳에 있었다. 인터넷 주요 뉴스란에도, 택시 뒷좌석 출입문에 붙어있는 스티커에서도, 종로 부근을 지나치면서 봤던 현수막과 팻말에서도 알아챌 수 있었다. 이쯤 되니 인정할 수밖에 없지 않는가. 우리는 나와 관계없는 일에는 무섭도록 무관심한 인간이라는 것을. 또 '분신자살'쯤 되는 키워드가 아니면 눈길조차 주지 않았으리라는 것을 말이다.

'타다'를 처음 이용해본 건 작년 초쯤이었다. 당시 나는 지금 살고 있는 집으로 가구를 갖다 놓느라 녹초가 돼 있었다. 도저히 양손 가득 짐과 함께 2호선에 몸을 싣고 30분을 더 버틸 엄두가 나질 않아 택시를 타기로 했다. 하지만 퇴근 시간에 빈차 표시등이 켜진 택시를 찾기란 쉽지 않았다. 카카오 택시로 먼 거리까지도 호출을 돌렸지만 응답이 없었다. 지하철 붐비는 시간에 나와 같은 생각을 한 사람이 한두 명도 아니었을 테니 당연한 결과였다.

30분을 같은 곳에 서서 무거운 짐을 들고 택시가 잡히길 기다리자니 점점 지치기 시작했다. 누가 집까지 편하게 날 태워다주기만 한다면 돈이야 아무래도 상관없을 지경이었다. 뭐라도 해야겠다 싶어 즉석에서 설치한 어플이 '차차'와 '타다'였는데, 타다에서 먼저 호출이 잡혔다. 그 뒤로는 뭐, 나 한 사람 태우는데 덩치 큰 카니발에 와서 놀라고, 문을 힘으로 잡아 열려다 자동문이라는 걸 알아서 당황하고…. 그 이후로도 대여섯 번은 더 탔던 거 같다. 꽤 거리가 있는 곳으로 미팅을 갔다가, 대표님이 '편하게 가세요' 하고 타다를 불러서 태워준 적도 있었다. 어쩐지 분에 넘치는 대접을 받은 느낌이라 기분이 묘했다.

개인적으로는 분신 사건이 일어났다는 것보다도, 당시 몇몇 스타트업 관계자가 SNS에 올린 장문의 게시글을 봤던 것이 더 슬펐다. 이 글들은 주로 쓰는 어휘 정도에만 차이가 있었을 뿐, 대부분이 이런 내용이었다. '분신자살 같은 구시대적 저항을 하기 전에 그동안 택시 회사들이 제공하던 여객 서비스가 얼마나 형편없었는지부터 되돌아봐야 할 것 아니냐', '타다는 그저 소비자가 원하는 서비스를 제공했을 뿐이다. 변화에 적응하지 못하는 택시 기사들은 도태될 수밖에 없다', '정부가 이런 퍼포먼스에 영향을 받아서 타다의 성장을 가로막는다면 누가 스타트업을 할 수 있겠냐' 등.

모두 일리가 있는 의견이다. 어떤 이유에서 이런 의견을 가지고 있는지도 십분 이해한다. 나 역시 창업을 했었고 잠시나마 IT 쪽에 발을 담갔던 입장이다. '성장과 생존'에 무게가 실릴 수밖에 없는 스타트업에게, 기존 업계의 반발을 고려하여 사업 모델을 전면 수정하거나 애초부터 상생 가능한 대안을 구상하라는 것이 얼마나 비현실적인 얘기인가. 스타트업의 가장 관건은 차별화인데. 무엇보다 가장 곤혹스러운 건 타다 쪽일 것이다. 법을 어긴 것도 아니고(이 글을 쓸 당시에는 금지법 통과 전이었다), 불공정하게 경쟁을 한 것도 아닌데, 사업 기회를 보고 뛰어든 결과가 이런 것이라니. 내가 대표라면 자괴감으로 진작 때려치우고 부동산에나 투자했을 것이다. 요즘 관악구가 심상치 않다. 돈만 있었어도 난곡동에 땅을 샀을 텐데.

단지 나는, 상황의 원인을 해당 사업의 '적법성'이나 '상생 가능성' 같은 것에서만 찾으려 드는 것이 씁쓸했던 것 같다. 세대나 관점의 차이에 따라 말도 안 되는 소리라고 느껴질 수도 있겠지만, 적어도 나는 세대 간 갈등이 '타다 사태'를 키우는데 상당한 역할을 했으리라고 생각한다.

물론 이런 종류의 갈등에는 어느 정도 필연적인 면도 있다. 시대가 변화하고 기술이 발전하는 만큼 사회의 각계각층이 충돌하는 것 자체를 틀어막을 수는 없을 것이다. 그럼에도 이런 이야기를 꺼내는 것은, 세상에는 '일어날 수밖에 없었다'는 말만으로 변명하기 힘들 만큼 비극적인 일들도 있기 때문이다.

*

'말 많은 택시 기사'가 얼마나 곤혹스러운지는… 대한민국에 사는 90년대생이라면 대부분 공감할 법한 소재이다. 작금의 20대가 '그 지갑 사정에도 불구하고 택시를 탄다는 것'에는 여러 가지 의미가 내포돼 있지만, 굳이 말하자면 '목적지까지 가야 하는데 지금은 너무 힘들고 지쳤어. 그래서 되도록 아무하고도 부딪히지 않고, 편안하게 혼자만의 시간을 가지면서 가고 싶어' 정도가 되지 않을까 싶다. 다른 대중교통 수단보다는 한결 편하게 이동하고 싶다는 욕구는 누구에게나 똑같지만, 더욱이나 자기 목소리를 내기 힘든 20대에게는 잠시나마 호흡을 가다듬으며 정서적인 안정을 취하고자 하는 목적도 있는 셈이다. 그렇게 큰맘 먹고 택시를 탔는데 앞에 앉은 택시 기사님의 텐션이 심상치 않다? 조금 전까지 가졌던 모든 욕구가 좌절되는 것이다. 피곤해서 탔더니 더 피곤한 상황을 마주친 셈이다.

이쯤에서 짚어볼 것이 하나 있다. 젊은 층이 일

반 택시보다 타다를 선호하는 가장 큰 이유에 대해서 말이다. 솔직히 말해서 '빠르고 편하게 목적지까지 간다'는 목적성 측면에선 택시와 다를 것이 없다. 더 크고 편한 차, 자동문, 위생, 휴대폰 충전 케이블, 비교적 젊고 안전한 운전기사. 좀 더 낫다고 말할 수 있는 부분이야 많으나 이런 요소들이 결정적인 이유가 되진 않는 것 같다.

나를 포함해 내 주변에서 타다 서비스를 한 번이라도 이용해본 적 있는 사람들은 하나같이 '기사님이 말을 걸지 않아 좋았다'는 것을 제일 먼저 언급한다. 생각해보면 웃긴 일이다. 프리미엄이라는 것은 '기존보다 더 좋은 것을 추가로 제공'함으로써 차별화하는 거라고 생각해왔는데, '프리미엄 택시 서비스'인 타다에서 가장 차별화되는 부분은 '기존에 하던 것을 하지 않는 것'에 있는 셈이니까. 택시부터가 교통수단 중에서도 프리미엄 축에 속해 있는데, 그저 '말 걸지 않는 것'이 그 택시보다 비싼(이건 상황마다 다르겠지만) 타다를 선뜻 이용할 만큼 대단한 장점처럼 여겨지는 것이다.

'아니, 아무리 피곤해도 그렇지. 기사님이 말 좀

건다고 해서 그렇게 불편해할 필요 있나? 하루 종일 택시만 운전하다 보면 적적할 텐데… 손님한테 몇 마디 꺼낼 수도 있는 것 아니냐'라고 생각하는 사람도 있을 것이다. 90년대생 중에도 태생적으로 어른에게 예쁨받는 캐릭터도 있을 것이고, 존재 자체가 핵인싸의 현신이라 기사님과 해피투게더 두 편 찍고 연락처까지 교환하는 사람도 어딘가엔 있을 것이다. 그러나 대부분은 그렇지 않다. 대한민국 인구의 자그마치 35퍼센트가 A형이라는 것을 알고 있는가? 나도 방금 전까진 몰랐던 사실이다.

뭐 맞는 말이다. 택시 기사님도 사람이고, 심심해서 뭐라도 말을 꺼내보는 게 마냥 쉬운 일만도 아닐 것이다. 솔직히 하루 종일 입 닫고 일만 할 수 있는 사람이 얼마나 되겠느냐고. 다만 알아줬으면 하는 건 이거다. 대다수의 젊은 층에게는 기성세대와 대화해야 하는 상황 자체가 스트레스라는 것 말이다. 해야 하는 상황이면 못 할 것도 없지만, 어른과 대화하는 건 본질적으로 에너지를 소모시키는 활동이기 때문이다. 요즘 세대가 유독 버르장머리 없는 DNA를 갖고 태어나서, 아버지뻘 되는 어른과의 대화를 차단하는 게 습관이 돼버려서 그런 게 아니다.

그럼 왜 그럴까? 그냥 그 상황 자체가 그렇게 생겨먹었을 뿐이다. 가령 20대인 당신이 대낮에 땀을 뻘뻘 흘리며 택시에 타서, 목적지를 말하고 창밖을 보고 있다 치자. 운전석의 기사님은 비교적 편한 복장에 선글라스를 쓰고 있는 전형적인 택시 운전사다. 택시는 미끄러지듯 도로를 타고 내려가다가, 문득 광화문 광장을 앞에 두고 신호에 걸리고 만다. 이제 기사님은 차를 세운 채로 주변에 걸린 현수막이며 검고 빨간 글씨로 쓰인 시위 문구들을 쭉 훑어보기 시작한다.

나같이 소심한 90년생은 이때부터 불안해지기 시작하는데, 기사님이 혼잣말(이지만 대놓고 들리는 소리)처럼 "쯧쯧쯧… 나라 꼴이, 참….", "어휴…." 같은 말들을 중얼거린다면 십중팔구는 다음과 같은 상황이 벌어진다.

"대한민국 참 살기 힘든 나라야. 그치?"

기사님이 퍽 유쾌한 듯 운을 뗀다. 순간 나는 뭐라 맞장구를 쳐야 할까 두뇌를 풀가동하지만, 기사님은 그럴 여유 따위 없이 후속타를 날리는 것이다.

"문재인 그놈이 대통령감도 아닌 게 대통령이 되가지고 말이야."

여기서부터 시작한다. 애초에 무슨 대답을 바라시는 건지도 모르겠지만, 저런 질문의 가장 큰 문제는 당최 도망칠 구석이 없다는 것이다. 어언 5년 차 프리랜서로서, 수많은 미팅에 택시를 타고 다니며 내가 파악한 패턴은 다음과 같다.

"아… 네…. 아무래도 그렇죠? 하하…."

→ 한 번 맞장구 쳐드리면 내리기 전까지 이 나라의 현 상황에 대해 설명해주신다.

"저… 제가 정치는 잘 몰라서…."

→ 역시 요즘 친구들은 정치처럼 중요한 문제에 관심 안 가진다고 혼날 가능성 농후. 맨날 TV만 보지 말고 신문도 좀 읽으라고 하신다. (실제 들은 말)

"……."

→ 정말 자는 줄 알고 멈추는 경우도 있지만 계

속 혼자 이야기하시는 경우도 많다. 왠지 버릇없는 사람이 된 거 같아 신경이 쓰여 눈을 감는 것이 나을지 뜨는 것이 나을지 고민된다.

"백번 맞는 말씀이십니다, 어르신. 아무래도 대통령감이 아니죠."

→"보기 드문 젊은이구먼." 하며 흥분하신 나머지 계속 얘기가 이어진다. 내리기 전까지 맞장구 기계가 되야 한다. (실제 있었던 일)

"그래도 정치는 백년대계라고들 하잖아요. 일단 뽑힌 대통령이니까 좀 더 지켜봐야 하지 않을까요?"

→"자네는 지난 대선 때 누구 뽑았나?"

"어… 저는… 4번이었나 5번이었나… 기억이 잘…."

왜 그걸 기억 못 하냐고 혼난다. 누굴 뽑든 자유인데 빨갱이 뽑아서 나라 팔아먹는 짓은 하지 말라는 당부를 하차 때까지 하신다. (실제 있었던 일)

딱히 크게 벗어나지 않는 범위 내에서 오고갔던

대화가 떠올린 것이다. 젊은 사람들과 대화하려는 것 자체가 잘못은 아니다. 그런데 대화 자체가 피곤한 상황, 불편한 주제로 흘러가는 경우도 있다. 더구나 집 없고 차 없고 빚만 있는 요즘 청년들이 택시를 잡는 이와 같은 경우에 세대 간에 좋은 대화를 하기에는 상황이 꼬여도 너무 꼬였다.

까짓것 듣기 싫으면 무시하면 될 것 아니냐? 왜 쓸데없이 눈치를 보고 그러냐? 그렇게 생각할 수도 있다. 그런데 90년생들에게는 어른을 마주할 때 이런 느낌이 있다. '깍듯하게 보이기는 힘들더라도 예의 없어 보이진 말아야지' 하는 마인드. 실로 놀라운 이야기다. 부모님 세대가 그렇게 이야기하던 '밥상머리 교육'이 아예 효과가 없던 건 아니었던 것이다. 어려서부터 말 잘 듣고 공부 열심히 하고 어른한테 공손히 인사하라는 말을 골백번은 들어왔으니 젊은이들에게도 별 도리는 없다. 이제는 조건반사처럼 돼버려서.

비단 택시 안에서만 국한된 얘기는 아니다. 회사나 어떤 조직에서 90년생 구성원에게 가진 인상을 물어보면 대개 비슷한 답변이 나온다. 예의가 없는 것은 아니지만 살갑거나 가깝게 느껴지지는 않는다는 것. 솔직하게 얘기하는 경우가 별로 없다는 것. 좀처럼 속을 들여다보기 힘들다는 것.

우리라고 할 말이 아예 없는 건 아니다. 우리 세대가 보다 개인주의적인 성향을 가진 탓도 있겠지만(성장한 시대가 다르니까. 이건 어쩔 수 없는 일 같다) 생각해보면 우리는 편하게 대화해본 적이 없다. 편한 상황, 편한 장소에서 서로의 생각을 나눠본 적이 거의 없는 것이다. 우리가 어디서 얘기했었나? 중간에 잠깐 나가 담배 피우는 곳에서? 간만의 회식이나 술자리에서? 힘들어서 탄 택시 뒷좌석에서? 수십 명이 들어와 있는 단체 카톡방에서? 요즘 일에 집중을 못하는 것 같다고 불러낸 면담 자리에서?

그런 자리에서 꺼낼 수 있는 진정성이란 한정돼 있기 마련이다. 의도가 좋아도 상황은 부담스럽다. 누군가와 편한 관계가 된다 싶어 이야기를 나눌라치면 어디든 눈과 귀가 있어서 내 이야기는 순식간에 퍼지고 만다. 집에 돌아갈 즈음에는 몸도 마음도 지쳐서, 도착하기 무섭게 쓰러져 기절하기 일쑤다. 서로가 서로일 수 있는 시공간 자체가 다르기 때문이다.

심지어 인터넷에도 세대 간의 장벽이 있다. 사실 장벽이 있는 수준이 아니라 플랫폼이 구분돼 있을 정도다. 소셜미디어는 그저 나와 친하거나 비슷한 사람들의 생각과 콘텐츠를 보여줄 뿐이다. 우리 세대는 카톡도 쓰지만 최근엔 인스타 DM을 하는 사람도 꽤 많다. 페이스북은 소통보다도 심심해서 둘러보는 용도로 바뀌었다. 비교적 고리타분하게 느껴지는 네이버 블로그, 다음 카페는 당신들이 잘 쓰고 있는 것처럼 보인다. 밴드는 써본 적이 없어 파악조차 어렵다.

기성세대가 우리를 모르듯, 우리도 요즘 10대에 대해서는 아는 게 없다. 페이스북 메시지를 자주 쓴다든가 틱톡에서 소통하는 게 유행이더라는 얘기만 건너 들었는데 지금은 또 어떨지 모르겠다. 유튜브나 트위치를 우리보다 많이 보는 건 사실이지만. 요즘은 기성세대들도 젊은 세대 못지않게 유튜브를 자주 보는 걸로 안다. 비록 우리가 보는 것은 당신들이 보는 것과 다르겠지만. 세상 어떤 것이 안 그렇겠나 싶다.

창업을 통해 인연을 쌓은 모 대표님과는 가끔 만나 이런저런 이야기를 나누기 시작한 지 3년째 접어

들었다. 아버지뻘 되는 분인데, 콘텐츠에 관한 생각을 주고받을 때면 나이 같은 건 아무래도 중요치 않다는 느낌이다.

나는 자라서 어떤 어른이 될까? 그런 대표님들처럼 멋진 어른이 될 수 있을까? 내가 지금의 기성세대 나이가 되면 내 아들뻘 되는 사람과 세대 차이 같은 걸 느끼지 않고 즐겁게 대화할 수 있을까? 모르겠다. 어떤 시대에 어떤 세대가 어떤 삶을 이어나갈지 누가 알까.

다른 모습, 다른 생각, 다른 환경에 있는 존재와 소통한다는 것은 누구에게나 두렵다. 그래도 진심으로 존경할 수 있는 어른이 주변에 있다는 것. 그런 어른이 내게 '정말 멋있다', '잘하고 있다' 말하며 신뢰를 보여준다는 것. 어차피 이해하지 못할 거라고, 대화할 수 없을 거라고, 비슷한 게 하나도 없을 거라고 생각한 누군가와 말을 트는 것…. 뭐라 표현하기 어려울 만큼 즐거운 일들이다. 그래서 나는 생각한다. 타다가 정말 파고든 것은 프리미엄 택시 시장도, 여객운수사업법의 허점도 아닌 서로에 대한 두려움일 수도 있겠다고. 정말 슬퍼해야 할 것은 어느 순간 '말 걸지 않는 것' 따위가 프리미엄이 돼버린 우리들의 현 시대가 아니겠느냐고.

당신을
끈대라 부를 수밖에
없는 이유

크리스토퍼 놀란 감독의 영화 〈배트맨 비긴즈〉는 배트맨 캐릭터 탄생 스토리를 담은 기념비적인 작품이다. 제목처럼 주인공인 브루스 웨인이 고담시의 흑기사로 성장해가는 과정을 엿볼 수 있는데, '어린 시절의 상처와 트라우마를 극복해가며 영웅으로 거듭나는' 히어로 영화의 교과서라고 해도 손색이 없을 것이다. 개인적으로 후속작인 〈다크 나이트〉, 〈다크 나이트 라이즈〉가 선악의 양면성과 인간의 본질과 같은 비교적 고차원적인 질문을 던지며 다크한 분위기를 자아낸다면 〈배트맨 비긴즈〉는 보다 희망적인 메시지를 품고 있는 느낌이다.

나에게 가장 기억이 남는 장면은 주인공의 어린 시절을 그린 도입부다. 브루스는 소꿉친구인 레이첼과 놀다가 오래된 우물 속으로 떨어진다. 이때 우물 안쪽의 동굴에서 무수한 박쥐 떼가 들이닥치고, 소년 브루스의 마음속에 깊은 공포심이 자리하게 된다. 구조된 뒤에도 한동안 악몽에 시달리는 브루스에게 아버지인 토마스 웨인이 다정하게 말을 건네는 부분이다.

"박쥐들이 왜 널 공격하는지 아니?" 토마스가 말

한다. "널 무서워하기 때문이란다."

"절 무서워한다구요?"

"모든 동물은 겁을 먹어."

"무서운 맹수들도요(*Even the scary ones*)?"

"특히 맹수들이 그렇지(*Especially the scary ones*)."

*

'꼰대'라는 말은 '요즘 젊은것들'에 비견될 정도로 오랜 역사를 지닌 단어다. 다만 인터넷 보급 이후 세대 갈등이 표면화되면서 부쩍 사용되는 빈도가 늘었고, 예전보다 좀 더 상징적이고 확장된 의미를 지니게 됐다. 요컨대 예전의 '꼰대'가 학생들 사이에서 선생님이나 부모님 세대를 별 대수롭지 않게 지칭하는 데 쓰였다면, 지금은 '고리타분한 사상을 젊은 세대들에게 강요하거나', '시대에 뒤떨어진 감수성을 갖고 있거나', '나이가 더 많다는 이유로 함부로 말을 하거나' 하는 부정적 뉘앙스가 더해진 셈이다.

그러면서 '꼰대'는 기성세대가 무서워하는 말이 됐다. 새삼스럽기도 하지만 재미있는 사실이기도 하다. 우리 세대가 쓰는 오만 가지 어휘 가운데서도 유독 꼰대라는 말에 예민하게 반응을 보이기 때문이다. 그렇다 보니 요즘은 '이런 말 하면 꼰대처럼 보일 수도 있겠지만…' 같은 말로 서두를 시작하는 어른들도 자주 보인다. 이거야 누가 들어도 '나만큼은 꼰대로 보지 말아줬으면 좋겠다' 정도의 의미가 아닌가. 뭐, 내 기준으로는 꼰대가 되지 않으려고 노력하는 것 자체부터가 이미 꼰대가 아니라는 증거 같지만.

기성세대가 꼰대로 불리는 것을 두려워하는 건 자연스러운 현상이다. 사람은 뭐가 됐든 뒤처져 도태되는 것을 불안해하는 동물이다. 몸은 늙어갈지언정 정신만큼은 늘 청춘에 머물러 있길 바란다. 자신도 모르게 사회에서 홀로 동떨어진 개체가 되고, 차츰 정서적으로 고립되는 과정을 좋아하기란 불가능에 가깝다. 제각기 자신만의 지향점을 갖고 살아가는 인간에게 '당신은 시대에 뒤떨어진 사고방식과 가치관을 갖고 있다'고 말하는 건 어떤 면에서 욕설보다 치명적이기도 하다.

젊은 세대가 기성세대에 대해 이야기를 할 때, 간과하는 것이 한 가지 있다. 기성세대도 한때는 '젊은 것들'이었다는 것. 그리고 그 시절이 엄청난 옛날도 아니라는 것이다. 생각해보면 우리 세대가 부모님 세대에게 느끼는 부정적인 감정들을 그들이라고 느끼지 않았을리 없다. 지금의 우리가 그렇듯 기성세대 역시 이전 세대에 대한 염증이 있었을 것이다. '나는 커서 저런 어른이 되지 말아야지', '적어도 나는 다음 세대에게 좀 더 나은 사람이 되어야지' 같은 생각도 한 번쯤은 했을 것이다.

그러나 시간은 눈 깜짝할 새 지나가버린다. 정신 차려보니 벌써 젊은 세대의 부모, 스승, 상사가 돼버린 자신의 모습을 발견하게 된다. 그런 자신을 꼰대라느니, 사고방식이 낡아 빠졌다느니 하는 이야기를 맘 편히 들을 수 있을 리 없다. 내가 그렇게 증오하고 미워했던, 결단코 그리 되지 않겠다고 다짐했던 사람들처럼 변해 있다니. 누가 봐도 꼰대인 사람조차 젊었을 땐 우리만큼이나 꼰대가 싫었을 텐데도.

*

기성세대가 90년생에게 갖고 있는 편견들 중에는 실로 터무니없는 오해로 빚어진 것들도 있다. 하지만 '사소한 것에 집착하고 융통성이 없다', '자기방

어적 기질이 심하다'는 의견에는 일부 동의한다. 나도 예민하고 까다롭기로 어디 가서 꿀리지 않는 편이지만, 같은 세대의 관점에서도 좀 심하다거나 유난스럽다는 인상을 받을 때가 종종 있다.

회사를 창업하고 대표로 일하던 때였다. 그때 우리 회사는 내가 직접 디자인한(이라곤 하지만 포토샵으로 10분 만에 만든) 로고를 쓰고 있었다. 당시에 난 그럭저럭 만족하고 있었는데, 팀원들이 난색을 표하기에 외주 디자이너에게 로고 디자인을 맡기자는 결론이 나왔다. 이왕 맡기게 된 거 모두가 만족하는 로고를 만들고 싶어, 추천받은 디자이너 네댓 명에게 로고 디자인을 부탁했다. 다만 디자인 외주를 맡기는 것이 처음이다 보니 비용 부분이 고민되어 그중 경력이 가장 많은 디자이너에게 여쭤봤다. 어차피 디자이너도 정해진 것이 아니니, 수고비 정도 지급하여 시안을 받아보면 된다고 하여 20만 원 정도가 어떤지 물어보았다. 디자이너는 한두 시간 정도 투자하면 되니 괜찮다는 답변이 돌아왔다. 내가 그때 로고 디자인에 썼던 비용을 다 합치면 100만 원을 조금 넘는 수준이었다.

적다면 적은 돈이지만 법인 설립 당시 자본금이 100만 원이었으니, 돈 없는 스타트업 입장에선 나름의 성의를 보인 셈이었다.

간단한 일이니만큼 작업은 일주일 안에 대부분 끝났다. 전반적인 진행 과정은 수월한 편이었다. 디자이너 한 분과의 해프닝을 제외하면. 그 디자이너는 스타트업 지인 분을 통해 알게 된 분이었다. 대학에서 산업디자인 전공하다 잠깐 휴학 중이라는 모양이었다. 소개해준 지인 말에 의하면 딱히 포트폴리오가 있는 건 아니지만 센스가 좋은 친구이니 편하게 맡겨보라고 했다. 작은 회사에서 전문 인력을 꼭 쓸 필요도 없으니 흔쾌히 맡겼다. 연락을 몇 차례 주고받으며 디자이너는 '일주일 안에 작업해드리겠다. 다만 작업비는 먼저 넣어 달라'고 하여 바로 20만 원을 입금했다.

그로부터 보름이 지났다. 다른 디자이너 분들이 작업한 로고는 일주일도 전에 모두 도착한 상태였다. 내심 마음에 드는 옵션도 있었다. 그래도 시안이 전부 도착할 때까진 결정을 보류하기로 한 참이었다. 혹시나 보내는 걸 까먹으셨을 수도 있겠다 싶어, 끝내 먼저 문자를 드렸다. 안녕하신지, 환절기인데 건강하신지, 연락드린 건 다름이 아니라 전에 부탁드렸던 로고 작업이 어떻게 진행되고 있는지 궁금해서인데, 급한 일은 아니지만 아무래도 계속 결정을 미루는 것도 곤혹스러우니 언제쯤 시안을 보내주실 수 있는지 정도만 말씀해주시면 감사하겠다, 하는 내용이었다. 혹여나 독촉으로 보일까 싶어 최대한 정중하게 물었다. 그런데 새벽에 느닷없이 장문의 답변이 온 것이다. 내용의 요지를 기억나는 대로 요약하자면 이렇다.

안녕하세요. 대표님. 오랜만입니다. 저는 지난 열흘간 싱가포르에 있었습니다. 물론 제가 20만 원의 수고료를 미리 받은 건 사실입니다. 그러나 대표님께선 별도의 계약서를 작성하지 않았죠. 저는 전에도 외주를 몇 번 한 적이 있는데, 이렇게 일 처리를 하는 곳은 여기뿐입니다. 아주 작은 작업이라도 외주 계약서를 작성하고 마감 기한을 정해놓고 일을 해야 하는 것입니다. 디자인을 해본 경험이 없으시니 로고 작업에 얼마만큼의 품이 들어가는지 모르시는 건 어쩔 수 없겠죠. 그렇다고 해서 이렇게 주먹구구식으로 일을 진행해도 괜찮다는 의미는 아닙니다. 제가 일주일 내로 작

업한다고 말씀드린 바 있는데, 해외여행 중에 부탁하신 일을 작업해드린다는 건 무리가 있습니다. 급하다고 하셨으면 미리 해놓고 출국했을 수도 있는데, 이제 와서 저 때문에 모든 게 늦어진다고 말씀하시는 건 잘못됐다고 생각합니다. 부디 다른 분들께는 이렇게 말씀하지 않으셨으면 좋겠습니다.

당황스러웠다. 내가 뭐 술 먹고 메시지를 잘못 보낸 게 있나, 싶어서 이전 연락 내역을 몇 번이고 훑어봤다. 애초에 대화랄 것도 형식적인 인사와 일정과 비용을 조율한 것이 고작이었다. 하지만 의도치 않게 '갑질'처럼 느껴졌을 수도 있겠다는 생각이 들어 가능한 진심을 담아 답변을 보냈다. 제가 잘못 말씀드린 게 있다면 죄송하다, 계약서를 작성하지 않은 건 액수가 그렇게 큰 것도 아니거니와 비교적 단순한 작업이라고 생각했기 때문인데, 창업한 지 얼마 되지 않아 행정적인 허점이 많은 것도 사실이라 미리 말씀드리지 못한 부분은 송구스럽다, 지금이라도 간단하게 계약서를 작성하여 메일을 통해 송부드릴 테니 검토해보시는 것이 어떠냐 하는 내용이었다.

10분쯤 지나서 "네, 그렇게 하고 싶으면 그렇게 하세요."라는 답신을 받았다. 로고 시안 받는 건데 좀 일이 꼬였다 싶은 생각이 들긴 했다. 그래도 절차를 중요하게 여기는 사람도 있는 법이니까, 굳이 따지자면 내가 근본이 없는 쪽이겠지, 라는 생각으로 표준계약서 양식을 약간 수정해 디자이너에게 보냈다.

다음 날 돌아온 답변은 나를 한층 더 당황스럽게 만들었다. 디자이너가 계약서의 거의 절반을 문제 삼으며 이의를 제기했기 때문이다. 나는 표준계약서에 따라 작성을 하였으며 형식적인 부분이라 미처 생각하지 못했던 거 같다며, 말씀해주신 부분은 수정하여 다시 보내겠다고 하였다. 이틀 만에 온 회신은 나에게 다소 충격을 안겨주었다. '이쯤 되니 저도 지친다. 부탁한 건 내일까지 해주겠다. 그런데 디자이너에 대한 대접이나 일처리 하는 방식 같은 것들로 미뤄봤을 때 회사가 잘 굴러가는지 의심이 든다'는 정도였다.

충고라기엔 다소 인신공격적인 뉘앙스였고, 개인적으로는 나쁜 의도가 없었기에 억울한 마음도 없지 않았다. 어쨌거나 약속은 약속이니 다음 날 수정한 계약서를 보내고 신경을 꺼버렸다. 시안은 한 달이 훌쩍 지난 후에야 도착했다. 결과물은 글쎄… 구태여 더 보태지 않겠다. 더 이상 이 부분에 대해서 신경 쓰고 싶지 않은 관계로 예의상 답변만 한 뒤 잊기 위해 노력했다.

나로서도 이 사건이 유쾌한 기억은 아니다. 그럼에도 기억을 더듬어가며 언급한 이유는, 시간이 지나면서 당시 그 디자이너가 보였던 반응이며 태도를 조금이나마 이해하게 됐기 때문이다. 생각해보면 나도 그런 적이 꽤 있었다. 프리랜서로 전향한 지 얼마 되지 않았을 때, 언제까지 하기로 했던 일들을 심리적인 부담감 때문에 차일피일 미뤘고, 억지로 뽑아냈던 결과물도 보여주기 왠지 부끄럽다는 이유로 보내지 않았다. 내 입장에서 그 며칠밖에 안 되는 시간을 기다리지 못해 전화를 하고, 문자를 하는 상대방이 부담스러웠다. 시간이 조금만 더, 아주 조금만 더 있었다면 더 잘할 수 있는데. 왜 그런 건 알아줄 생각도 없이 날 압박한단 말인가. 계약이고 나발이고 다그치는 듯한 말투는 또 어떻단 말인가…. 한편으로는 그런 생각도 했다. 사실은 내가 게으르다거나, 시간 약속을 지키는 게 미숙하다거나, 맡은 일에 대한 책임감이 없다거나 하는 평가를 받는 게 두려웠을 뿐이라고.

상황을 돌이켜 제삼자의 관점에서 보면, 당시의 나는 작은 규모이긴 하지만 엄연히 한 회사의 대표였다. 반면 그 디자이너는 대학교를 휴학하고 이런저런 일을 시도해보던 시기였다. 자신이 과연 그 바닥에서 살아남을 수 있을지, 그 분야에서 나의 재능이라는 게 과연 발현될 수 있을지, 그 어떤 확신도 없이 그저 '무엇이든 잘해야 해'라는 압박 속에 있었을 것이다. 나도 불과 몇 년 전까지 그런 상황에 놓여있지 않았나? 입장이 조금 바뀌었다고 해서 이렇게 쉽게 잊어버릴 줄이야.

최저 시급이나 받는 주제에 근로계약서를 써달라는 아르바이트생, 자기 땐 듣도 보도 못했던 야근 수당이며 주휴 수당을 요구하는 신입 사원, 나쁜 의도가 전혀 없었던 말에도 폭력 운운하며 열을 올리는 청년들, 살짝 어깨만 닿았을 뿐인데 노골적으로 불쾌해하는 대학생까지. 기성세대의 입장에선 '뭘 저렇게까지 반응하나' 싶을 수도 있다. 다짜고짜 나쁜 사람 취급하는 느낌에 더럭 화가 치밀 수도 있다. 진심으로 걱정해서 하는 말들을 꼰대질로 치부해버리는 90년생들이, 어쩔 땐 밉게 느껴질 수도 있다.

그러나 '뭐 그렇게 중요하지 않은 걸 가지고 난리야?'라는 건, 어떤 일에서든 상대적 우위에 있는 사람만이 꺼낼 수 있는 말이다. 조직 내 상하 관계든, 거래 관계든, 주변의 인간관계든, 사람은 때와 장소 그리고 자신이 처한 입장에 따라서 각자 '중요하게 여기는 부분'은 천차만별이다. 이를테면 갑이 신경 쓰는 것들은 '최종적인 결괏값', '소기의 목적 달성 여부', '업무 수행 방식', '소요되는 시간'이지만, 을은 '일에 차질이 생겼을 경우 자신에게 오는 책임 소재', '어떤 상황에서든 부당한 처우를 받지 않을 권리', '어떻게 될지 모르는 미래를 위한 자유의 보장' 같은 것들이다. 전자가 '확실한 이행'을 위한 것들이라면, 후자는 '혹시 모를 상황에 대한 대비'에 관한 것들이다.

2020년대에 진입한 지금, 90년생들은 이제 끽해야 사회초년생 또는 아직 학생 신분이다. 어디서 뭘 하든 을의 위치가 좀 더 익숙할 시기다. 어떤 일을 추진할 때 갑은 '어떻게 착오 없이 진행할 것인지'를 생각하지만, 을은 만에 하나 벌어질 상황에 자신을 보호할 수단과 상처 입지 않을 수 있는 대응 방법에 보다 초점을 맞춘다. 그래서 90년대생들은 기성세대 입장에서 '별 것도 아닌 것들'에 난리를 피우고 호들갑을 떨 수밖에 없다. 이제 막 사회에 나와 모든 게 처음인 우리로서는, 아주 작은 손해와 실수조차 돌이킬 수 없는 실패처럼 받아들여지기 때문일 것이다. 알고 보면 아무것도 아니라는 말은 직접 경험해보기 전까진 좀처럼 믿기 어려운 법이다.

*

관악구가 서울시 내에서 고양이 안락사 비율이 가장 낮은 지역구라는 말을 들었다. 그래서인지 몰라도 길을 걷다 보면 심심찮게 동네를 거니는 고양이들이 눈에 띈다. 대개는 가까이 다가가면 줄행랑을 치기 바쁜데, 이 중에 사람 손을 많이 탄 고양이들은 먼발치에서 다가와 애교를 부리기도 한다.

한 번은 며칠을 굶었는지 비쩍 마른 고양이를 만났다. 가방 안에 있던 비상용 츄르(언제 어디서 고양이를 만날지 모르니까)를 꺼내려고 하자마자 그 길로 후다닥 뛰어 사라져 버렸다. 딴엔 내가 무슨 무기나 포획 도구라도 꺼내는 줄 알았던 걸까? 좀 더 조심할 걸 싶다가도 아쉬운 건 별도리가 없다. 결단코 고양이의 잘못은 아니겠지만.

앙상한 몰골의 길 고양이가 사람들에게 보이는 반응은, 오늘날 90년생들이 보이곤 하는 방어기제와 사뭇 닮았다. 보라. 세상에는 온통 나보다 큰 것들, 대단한 것들, 원리를 알 수 없는 것들뿐이다. 가까이 다가오는 인간들은 나보다 수십 배는 큰 존재들인데, 워낙 언어가 달라 속내를 짐작하기 어렵다. 순수하게 좋은 마음으로 먹이를 주고 가는 이들도 있지만, 그 안에 약을 타서 교묘하게 죽음으로 몰아넣는 족속도 있는 것이다. 살기 위해 도망치고 할퀴는 고양이에게 '나는 좋은 의도인데 넌 왜 그래?'라고 해본들 달라지는 것은 없다.

우리는 절대 우리를 상처 주지 않을 거라 믿었던 것들로부터 상처받으면서, 자신을 둘러싼 세계와 타인에 대한 불신을 학습한다. 자세히 가르쳐준 적도 없으면서 실수는 용납하지 않고, 작은 성공 따위에 칭찬하지 않으면서 실패에는 혹독하기 짝이 없다. 알고 보면 우리에겐 그저 두렵지 않고 방향을 가르쳐주는 어른이 필요할 뿐인데. 실패해도 괜찮다고, 나도 너 나이 땐 실수투성이였다고, 누구나 그렇게 천천히 어른이 되는 거라고, 대단한 걸 해내지 못하더라도 상관없다고, 적어도 내가 보기엔 넌 절대 한심한 놈이 아니라고, 매일 아주 조금씩 자라고 있는, 미지의 가능성을 가진 청춘이라고 말해줄 어른 말이다. 그렇게 가만히 있어도 휘청거리는 우리 세대를 바로잡고는 싶지만 '꼰대'라고 불리고 싶지는 않은 것이나, 상처투성이인 나를 감추기 위해 언제든 필요한 곳에서 필요한 만큼의 꼰대를 찾아내서 위로를 받는다는 것이나, 가까이 보나 멀리 보나 확실한 비극 아닐까.

결국에는
우리도
꼰대가 되어간다

관악구를 가로지르는 도림천 주변에는 지역 주민들을 위한 여러 생활 시설이 마련돼 있다. 신림동 고시촌에서 멀리는 신대방까지 자전거도로가 있고, 관악구청으로 통하는 언덕배기 아래에는 제법 큰 규모의 야외 농구 코트가 펼쳐져 있다. 선선한 날이면 혼자 농구 연습을 하곤 한다.

그 농구장에는 항상 다양한 종류의 사람들이 모여 길거리 게임을 벌인다. 근처 고시촌에서 시험을 준비하는 수험생부터 인근 가게 사장님, 자취 중인 대학생은 물론 먼 나라에서 유학을 온 외국인들까지 공놀이를 즐기다 간다. 특히 주변에 규모가 큰 고등학교가 많다 보니 교복 차림의 남학생들은 매일 볼 수 있을 정도다.

한 번은 오전 일찍 마감을 끝내고 홀가분한 기분으로 농구공을 챙겨나갔다. 골대 5개가 있는 농구 코트에서 교복을 입은 고등학생 5명이 모여 공을 던지는 모습이 보였다. 인근 고등학교 학생 같은데, 평일 이른 오후 시간대에 나와 있는 걸 보니 벌써 시험 기간인가 싶었다. 내가 건너편 코트에 도착해 몸을 풀고 있으려니 10분도 채 되지 않아 한 남학생이 다가와 "3대3 게임 안 하실래요? 저희 5명인데…." 하고 수줍게 말을 건네 왔다.

도림천 농구 코트는 그날따라 한적했다. 게임을 1시간 정도 뛰고 나니 온몸에 땀이 흥건했다. 그 상태로 코트 옆쪽 벤치에 걸터앉아 음료수를 나눠 마시면서 어린 친구들과 꽤 오랫동안 대화를 하게 됐다.

나는 요즘 고등학생들이 무슨 주제로 어떤 식의 대화를 하는지 몰랐기 때문에, '고등학교 졸업하면 무엇을 하고 싶냐'와 같은 진부한 질문을 할 수밖에 없었다. 이어지는 대화가 나로서는 참 인상적이었다.

인간의 삶 속에는 참 다양한 가치가 존재한다. 그 중에서 어떤 가치를 어떻게 추구할지는 개인의 선택이지만, 어떤 시대에서는 너무 한정적인 선택지밖에 주어지지 않는 경우도 있다. 가령, 부모님 세대에게는 '노동'을 필수 불가결한 가치로 받아들이는 경향이 있다. 시대적 배경 특징상 나라 발전에 기여하고, 몸 건강히 자라 어엿한 산업 역군으로서 사회에 공헌하는 것을 미덕처럼 여겼기 때문이다.

그러나 시간이 흐르고 흘러 우리 세대에 이르러서는, 노동이란 인간에게 중요한 가치 중 하나이기는 해도 '가장 중요한 것은 아니다'라는 인식이 생겼다. 당장 먹고사는 데 문제가 없어져서인지, 공동체적 목표에서 조금씩 벗어나 개인의 행복 추구와 자아실현에 초점을 맞추기 시작한 셈이다. '워라밸'이며 '소확행' 같은 단어가 생기고 유행하는 데에는 이 같은 흐름도 한몫했으리라 생각한다.

그래서 90년생들에게 노동이란 '기본적으로 힘들고 귀찮은 일이지만 하긴 해야 하는 것'쯤으로 이해된다. 요컨대, 삶에 대한 가치관에서 노동이 가지는 중요성을 최저 1에서 최대 10까지의 점수로 매긴다 치면 부모님 세대는 7~10 정도였던 것이 우리 세대에는 3~5 정도로 하향 조정됐다고 볼 수 있다. 나쁘게 말하면 노력 없이 점점 인생을 쉽게 살고자 하는 청년들이 늘어난 것이지만, 좋게 본다면 그만큼 물리적인 노동으로부터 자유로워지고 행복을 추구하고 있다는 반증이다.

그럼 90년대 이후에 태어난 세대, 즉 00년생들의 '노동에 대한 인식'은 어느 정도일까. '우리보다 좀 더 귀찮게 생각하겠지. 점수로 치면 1~4 정도 되지 않을까'라고 생각했던 나는 그 고등학생들과의 대화가 적이 충격적일 수밖에 없었다.

"아니요. 그런 건 하기 싫어요." 한 남학생이 말했다.

"… 뭐?" 나는 당황스러워 되물었다. "취직을 안 하겠다고?"

"그런 걸 왜 해야 돼요? 취직할 필요 없잖아요, 이제는." 다른 남학생이 말했다.

"왜 취직할 필요가 없는데?"

"요즘은 재능이 있으면 몸 쓰며 일 안 해도 돼요."

"재능? 무슨 재능을 말하는 건데?"

"게임을 잘 하든지, 비트를 잘 찍든지, 랩을 잘 하든지, 춤을 잘 추든지, 노래를 잘 하든지, 얼굴이 잘 생겼든지 하는 거요." 또 다른 남학생이 대꾸했다.

"아이돌이든, 가수든, 래퍼든, 프로듀서든, 자기 재능만 있으면 뭐든지 하면 돼요. 정 안 되면 유튜브를 해도 되는 거니까. 요즘 유튜버 돈 엄청 많이 벌잖아요."

"그렇긴 한데… 그래도 누군가는 물리적인 일을 해야 하지 않을까? 모든 사람들이 예술이나 창작 같은 일만 할 수는 없잖아. 하다못해 PC방도 아르바이트생이 있어야 굴러가는 거니까…." 나는 왠지 말끝을 흐리며 되물었다.

"에이, 그런 거 하고 싶어서 열심히 하는 사람이 어딨어요?"

"하면 잠깐 하겠죠. 돈이 필요하니까. 그런데 그런 일만 열심히 하는 건 실패한 인생이지…." 처음 대답했던 학생이 말했다.

"아, 그래?"

"그렇게 일해서 언제 차 사고 집 사요? 대학 졸업해도 연봉 3,000만 원도 안 된다 그러잖아요. 그럴 거면 뭐 하나 터트려서 대박치는 게 훨씬 낫죠." 다른 남학생이 말했다.

나는 대화가 끝나고 나서도 한동안 어안이 벙벙했다. 정말이지 나도 '젊은 꼰대'가 돼버린 건지, 그런 말을 하는 친구들 앞에서 "야, 애들이 죄다 음악하고 랩하고 노래하고 아이돌하면, 그럼 소는 누가 키우냐? 택배는 누가 옮기고, 커피는 누가 타고, 연필은 대체 누가 만드냐고. 너네가 입고 쓰고 먹는 것 중에 사람 손 안 탄 게 단 하나도 없는데? 밤늦게 컵라면 사 먹을 수 있는 것도 누군가는 편의점을 지키니까 가능한 거 아냐? 하여간 유튜브가 애들 다 망쳐놨다니까. 나 때는 말이야, 주방에서 설거지 하나를 시켜도….” 같은 말이 목 끝까지 차올랐다가 겨우 삼켜져 들어갔다. 물리적인 일의 가치가 전보다 낮아졌음 낮아졌지, 아예 마이너스(-)가 되어버렸을 줄은 상상조차 못했던 것이다.

힘들이고 땀 흘려 뭔가 하는 행위 자체가 실패한 인생이라니, 불과 10년 사이에 너무 많은 게 바뀌어버린 것 아닌가 하는 생각이 들었다. 나와 대화했던 5명의 학생들이 그 세대를 대표할 수 있는 것은 아니겠지만. '일하지 않는 자 먹지도 말라' 같은 말을 들으며 자란 나로선 “취직을 왜 해야 해요?” 같은 발상은 감히 꿈에서도 해본 적이 없었다. 하긴 사람이 꼭 일을 해야 사람인 건 아니지. 그야 그렇긴 한데…. 나는 그다지 오래되지 않았다고 생각했던 학창시절 나와 지금의 학생들이, 문득 돌아갈 수 없는 강 너머에 있다는 느낌이 들었다.

*

스타트업 회사를 정리하고 얼마 지나지 않은 시점에, 한 술자리에서 있었던 대화다.

"90년대생 친구들이랑은 일을 어떻게 같이 해야 좋을지 모르겠다니까." 한 스타트업 대표님이 푸념하듯 말씀하셨다.

"무슨 생각을 하는지도 잘 모르겠고. 일하는 데 의욕도 없는 것 같고. 상황 파악도 잘 못하는 것 같고. 참…."

"음, 그런 고민이 있으셨군요." 내가 말했다.

"그래도 박 대표는 같은 90년대생이잖아. 회사도 운영해봤고. 그래서 말인데, 요즘 젊은 친구들은 어떻게 다루는 게 좋겠나?"

"글쎄요…. 저로서도 그게 참 애매하기도 하고…." 나는 짐짓 골몰하는 체를 했다.

"5년 쯤 지나면 그런 걱정은 안 하셔도 될 거예요. 그쯤 되면 90년대생이 친구처럼 보이실 걸요."

"뭐? 왜?"

"그때 되면 00년생 친구들이 사회에 나올 테니까요. 그땐 책 제목도 《90년생이 온다》 같은 것도 아닐 거라고요. 아마 '이런 젠장 00년생이 왔어 제발 살려줘' 같은 거겠죠. 하하."

"이런 제기랄…."

세대 간의 구분 폭은 계속해서 좁아지고만 있다. 이젠 10년은 고사하고 5년만 지나도 그 격차를 선명히 느낄 수 있을 정도다. '요즘 젊은것들'에 대한 이유 없는 반감은 기성세대만의 전유물이 아니다. 어쩌면 우리는 우리가 생각하는 것보다 더 빠르게 꼰대가 돼가고 있는 건지도 모른다. 90년대에 태어난 청년들이 겨우 사회 초년생으로서의 첫 걸음을 떼고 있는 지금, '00년생이 어쩌고저쩌고' 같은 이야기는 설득력도 없거니와 별달리 와 닿는 얘기도 아닐 수 있다. 그런가 하면 언제까지고 우리만이 흐르는 시간의 피해자라고 생각할 수도 없는 노릇이다.

"여기서는 제자리에 있고 싶으면 죽어라 뛰어야 해."라는 〈거울나라의 앨리스〉 영화에 나오는 붉은 여왕의 말이 새삼 설득력 있게 다가오는 이유다. 어쩌면 다른 어디도 아닌 여기가 바로 '거울나라'일 수도 있겠다. 서로의 슬픔을 빼닮은 우리가, 제각각 다른 이유로 숨차게 뛰어다니는.

남녀 갈등?
사이좋게 지낼
기회가 있기는 했나

십수 년 전, 미국의 예술가 바브라 스트라이샌드는 한 사진사와 무료 이미지를 취급하는 온라인 사이트에게 소송을 제기했다. 캘리포니아 해안을 따라 찍은 약 1만 2,000장의 항공사진 중에서, 자신의 저택이 찍힌 것에 대해 '명백한 사생활 침해'라는 입장을 밝힌 것이다. 그러나 그 사진들은 캘리포니아 해안의 침식 과정을 파악하기 위해 촬영된 것이었다. 무료 이미지 사이트에 있긴 했지만, 그땐 비교적 인터넷 보급도 덜 됐거니와 저작권 인식도 뚜렷하지 않던 시절이었다. 모 예술가의 저택이 찍혔든 말든 일반인들이 관심을 가질 만한 소재는 아니었다. 소송 사실이 미국 전역에 알려지지 않았다면 말이다.

인간의 심리라는 게 그렇다. 하지 말라면 더 하고 싶어지고, 나만 모르는 비밀은 당장이라도 알고 싶어지는 법이다. 실제로 그 사진에 찍힌 거라곤 절벽으로 된 해안가와 수영장이 딸린 평범한 저택들뿐이었다. '어떤 예술가가 보여주기 싫어서 소송까지 걸었다는 사진'이 되지만 않았어도, 미국에 있는 수십 수백만에 가까운 사람들이 찾아 조회하는 일은 결코 없었을 것이다. 이 해프닝을 통해 어떤 정보를 감추거나 숨기려고 하다가 오히려 공공연하게 알려지는 현상을 '스트라이샌드 효과'라고 부르게 됐다.

*

스타트업 대표로 활동하던 당시에 나는 영업이며 미팅 자리를 수없이 다니며 많은 사람을 만났다. 그런 자리에 적응하기까진 꽤 시간이 걸렸다. 나라는 인간 자체가 사람 많은 곳에 가면 지레 겁을 먹는 데다, 사업적 목적으로 낯선 누군가와 대화를 나눈다는 것이 마냥 어렵게 느껴졌던 것 같다. 별로 좋아하지도 않는 술을 잔뜩 마시고 사무실에 돌아갈 땐 '어쩌면 나는 회사 대표감은 아닐지도 몰라' 같은 생각을 한 적도 있었다. 나중에 보니 사실이었지만.

새로운 자리에서 새로운 대화를 시작할 때, 가장 좋은 방법은 새로운 질문을 던지는 것이다. 내가 자주 쓰기도 했던 방법이다. 이때 던지는 질문은 듣는 사람이 불쾌하지 않을 범위 내에서 얼마든지 새로워도 좋다. 이를테면 나는 나와 비슷한 나이대의 여성분과 대화를 할 때마다 꼭 두 가지 질문을 해보곤 했다. 첫 번째는 '남녀공학과 여중, 여고 중 어느 쪽에서 학창 시절을 보냈는지'였고, 두 번째는 '학교 주변에서 바바리맨을 목격한 경험이 있는지'였다.

이상한 의도는 아니고, 순수한 호기심 때문이었다(대답을 들은 뒤에 이유를 설명했다). 그 무렵 나는 내가 관심 있게 고민하던 문제에 대해 나름의 통계를 만들어보곤 했는데, 이 경우는 성 갈등과 관련된 소재였다. 이를테면 '여중, 여고가 성 관련 범죄율에 어떤 영향을 미치는가' 같은 것들이었다. 2018년 말까지 이 느닷없는 질문에 대답해주신 여성분은 총 42명이었고 결과는 다음과 같았다.

남녀공학을 다녔고 바바리맨을 본 경험이 없다 : 18명
남녀공학을 다녔고 바바리맨을 본 경험이 있다 : 3명
여중여고를 다녔고 바바리맨을 본 경험이 있다 : 20명
여중여고를 다녔고 바바리맨을 본 경험이 없다 : 1명

해당 질문에 답변한 여성분들은 '서울 또는 경기에 거주하는 20대 직장인 여성'이었다. 여중을 나와서 공학을 갔거나 혹은 공학을 나와서 여고에 갔다는 분

들, 그리고 해외에서 학교를 졸업하는 등 통계에 쓰기 모호한 답변들은 모두 제외했다. 물론 이렇게 조잡하게 수집한 통계자료가 20대 여성 전체를 대표한다곤 말할 수 없다. 나 역시 '통계 결과가 이러하니 어떻게 조치를 취해야 한다'는 식의 결론을 내놓을 생각도 없다. 다만 제아무리 개인적인 통계라 한들 조사자 입장에서 어떤 경향성이 눈에 띄는 건 어쩔 수 없다. 이를 근거로 내 글에서 내 개인적인 생각과 의견을 조심스럽게 피력하는 게 문제가 되지는 않으리라 믿는다.

나는 남녀공학 중학교를 졸업하고 남고로 진학했다. 생각해보면 여기서 웃긴 부분이 하나 있다. 우리나라는 '여자만 다니는 고등학교'에는 교명이 '○○여고'라고 붙지만, '남자만 다니는 고등학교'나 '남녀 모두가 다니는 고등학교'는 그냥 '◇◇고'라고 교명이 붙는다는 것이다. 그래서 단순히 교명만 봐선 그 학교가 남고인지 남녀공학인지 구분할 수 없다.

정확히 내가 그랬다. 고등학교를 진학하며 '꼭 여자가 있는 학교에 갈 거야'라고 생각한 건 아니었고, 그냥 어련히 공학이겠거니 했다. 뭘 모르는 그 나이에 세상에 남고처럼 쓸데없는 게 존재할리 없다고 생각했었던 것 같다. 그런데 내가 거길 가버린 것이다. 반드시 그 때문이라고 할 순 없겠지만….

고등학교를 다니면서 좋았던 기억은 그다지 많지 않다. 당시의 나는 숫기도 없었고, 체구도 작았고, 싸움도 못했거니와, 소심한 성격 때문인지 남고 특유의 마초적 분위기에 적응하는 것에 유독 어려움을 겪었다. 덕분에 고등학교 1, 2학년 때 꽤 많이 맞았다. 또래 학생들의 폭력으로부터 자유로웠던 건 오직 마지막 1년뿐이었다. '공학에 갔다면 안 맞거나 덜 맞았을 거야' 같은 허무맹랑한 생각을 했던 건 아니다. 그저 내 경험으로 미뤄봤을 때, 약하고 내향적인 학생에게 있어 남고는 잔인한 선택지 중 하나였다. 그뿐이다.

그래서였을까? 나는 '남학교와 여학교가 나눠져 있는 이유가 과연 뭘까' 하는 생각을 해왔다. 여기서는 범위를 좀 더 좁혀 '여자만 다니는 학교가 필요한 이유가 뭘까' 하는 질문을 다뤄보고자 한다. 가장 원론적인 대답을 내놓자면 '사회가 여학교를 필요로 하기 때문에' 정도가 될 것 같다. 그러면 좀 더 나아가서 '사람들이 여학교를 필요로 하는 이유가 뭘까'라는 질문이 나온다. 내 생각엔 여기부터가 재밌는 부분이다.

가정을 하나 해보겠다. 내가 만약 학부모이고 딸이 중학교나 고등학교에 입학할 나이가 됐다 쳐보자. 이때 내 딸을 여학교에 보낼 만한 이유에는 어떤 것들이 있을까? 상황에 따라 여러 가지를 들 수 있겠지만, '보호'의 측면이 강한 것처럼 보인다. 그러니까, 불건전한 이성 교제나 또래 친구들로 인해 벌어지는 예기치 못한 사고, 그리고 성 관련 범죄로부터 내 소중한 딸을 보호하기 위해서라면 제법 그럴듯한 이유가 될 수 있을 것 같다. 아무렴 철도 안 든 남자애들이랑 섞여봐야 좋을 거라곤 없다고 생각할 수 있으니까 말이다.

그런데 생각해보면 좀 이상하다. 여중이나 여고를 간다고 해서 이성 교제를 하지 않는 건 아니다. 일찍부터 연애에 관심이 있는 친구들은 근처 학교를 가든 인터넷으로 만나든 어떻게든 사귀기 마련이니까. 더구나 학교 폭력이나 집단 따돌림은 여학생들만 모인 집단에서도 심심찮게 벌어진다. 확률상 미미한 차이가 있을지는 모르지만, 여학교에 보내는 것이 이러한 우려에 대한 본질적 해결책 같지는 않다. 무엇보다 가장 희한한 건 성 관련 범죄에 관한 부분이다.

이쯤 돼서 정말 하기 싫은 상상을 하나 해보기로 하자. 미리 말해두지만, 나는 미성년자에게 일절 관심이 없고, 질 나쁜 아동 성범죄자에 한해선 사형도 괜찮다고 생각하는 쪽이다. 그럼에도 불구하고 '만약 나 자신이 변태성욕자라면 어떨 것인가' 하고 상상해봤을 때 여학생들만 모여 있는 학교를 놔두고 굳이 다른 학교로 가진 않을 것 같다. 심지어 교명에서부터 '○○여고'라고 친절하게 적어놨는데 말이다.

'당장 전국에 있는 여학교를 깡그리 없애야 한다' 같은 허무맹랑한 주장을 하려는 게 아니다. 그저 '한번쯤 생각해볼 만한 문제 같다'는 것이 내 주장이며 요지다. 우리나라는 조선시대부터 젊은 남녀에게 발생하는 여러 사고를 예방하기 위해 '남녀칠세부동석'을 가장 큰 해결책으로 삼아온 측면이 있지 않은가?

자고로 어른들이 하시는 말씀에는 다 이유가 있고, 어떤 사회를 살아감에 있어 전통적인 가치도 배제할 수 없는 법이다. 하지만 그러기엔 시대가 지나도 너무 많이 지났다. 사람도 기술도 옛날 같지 않아서, 남녀 간의 공간적 제약을 두는 것이 예전만큼 효과가 없다. 사회가 요구하는 성 역할과 관념도 크게 달라진 상황에 '지금의 시스템을 재고하지 못할 이유도 없지 않으냐'는 게 내 작은 의문이고 의견이다. 성인이 되는 동안 이성에 대해 거의 아무것도 알려주지 않다가, 스무 살이 되기 무섭게 '자, 이제 서로를 이해하고 건전한 관계를 만들어 보도록 해'라고 말하는 것보다 좋은 방법이… 찾아보면 한두 개쯤은 있지 않겠느냐고.

90년대에 태어나 지금 20~30대를 보내고 있는 젊은이들에게 '성 갈등'이란 빼놓을 수도, 외면할 수도 없는 숙제다. 온라인의 남초, 여초 커뮤니티는 말할 것도 없고, 이제는 대학가와 기성 미디어에 이르기까지 성 갈등을 주요한 사회문제로 삼고 있다. 우리 세대의 남녀들은 한국사에 전례 없는 사상적 분열을 겪고 있으며, 인터넷 뉴스 기사의 댓글 창, 각종 소셜 미디어와 유튜브, 강남역과 광화문을 비롯해 어디에서든 첨예한 대립을 목격할 수 있다.

혹자는 우리 세대의 성 갈등이 '육아 문제, 임금격차 그리고 경제적 계층을 중심으로 한 계급투쟁의 일부'라고 주장하지만, 또 다른 이는 '남성에게 사회적 책임을 모두 전가하고 실질적 혜택만을 차지하려는 이익 추구 현상'에 지나지 않는다 말한다. 실로 복잡한 문제다. 어느 쪽이라도 그럴듯한 근거는 있기 마련이고, 미워하는 서로에게는 못할 말도 없기 때문이다.

가장 염려되는 건 이러한 갈등으로 인해 세대 간, 양성 간의 대화가 완전히 단절되는 일이다. 갈등의 당사자들이 마주 보며 이해할 기회조차 얻지 못하는 것이다. 이런 상황이 계속된다면, 우리는 제각기 다른 세대로, 또한 성별로, 사회계층으로 거듭 분리되다가 마침내 모든 이가 혼자가 되고 말 것이다. 이미 우리는 지구 반대편에 있는 사람과도 실시간 소통이 가능한 동시에, 바로 옆방에 있는 사람과도 대화하기 힘든 시대에 살고 있는데.

그렇게 어른이 된 우리는 일찍이 경험한 것들과는 정반대되는 압박에 직면한다. 남자와 여자를 철저하게 구분해놓는 시스템 속에서 학창 시절을 보내고 왔더니, 성인이 되자마자 '요즘 사귀는 애는 있니?' 같은 당황스러운 질문을 맞닥트린다. 우리에게는 이성과 대화는커녕 알아볼 기회조차 쉽게 주어지지 않았는데, 느닷없이 남성 또는 여성으로서의 매력을 증명하라는 주문에 시달리는 것이다. 이전까지는 이성에 대해 깊은 관심을 가지는 것 자체를 죄악시해놓고는 말이다. 남자 친구나 여자 친구가 없는 것만으로도 스스로 뒤쳐지는 듯한 느낌을 받으며 부모님께 걱정을 끼쳐드리는 존재가 돼버린다.

엎친 데 덮친 격으로 남자가 뭘 잘못했네, 여자는 그동안 뭘 했네 하며 서로 미워할 이유를 꾸역꾸역 찾고 있는 실정이다. 자식 된 도리로 원만한 인간관계를 형성하지 못해 송구스럽지만, 우리도 어디서부터 꼬였는지 짐작조차 어렵다. 여자가 짜증스러워도 연애는 해야 하고, 남자가 한심해도 결혼은 해야 한다니. 차라리 들숨과 날숨을 동시에 하라는 게 쉬울 것 같다.

성 갈등이 비단 우리 세대에게만 주어진 문제가 아니라는 것만큼은 자명하다. 모든 세대가 각자 할 수 있는 최선의 노력을 기울이면서, 장기적으로는 성별 간의 갈등과 오해를 생산하는 시스템을 근본적으로 개선해나가야 한다. 또 우리 세대가 겪고 있는 분리와 대립을 다음 세대에게 물려주지 않으려면, 어떻게든 대화할 수밖에 없다. 서로가 싸워야 할 적이 아니라 같은 시대를 살아가는 동료라는 걸, 혐오하기보다 사랑해야 할 대상이라는 걸 잊지 말아야 한다.

*

영미권에서 제작된 영화나 드라마에서 학창 시절을 묘사할 때 꼭 등장하는 장면이 있다. 졸업 파티와 파트너 찾기다. 학생들은 파티에 함께 갈 이성 친구를 찾아 짝을 지어야 한다. 서로에게 먼저 말을 걸고, 대화를 시도하고, 작은 접촉들을 이어가면서 이성에 대해 이해할 기회를 가지는 셈이다. 〈해리포터〉에도 이런 묘사가 나온다. 학생들에게는 무척 골치 아픈 이벤트다. 잘 모르는 이성과 대화를 나누는 것은 어색할 뿐만 아니라 적잖은 용기가 필요한 일이므로.

그러나 누군가를 이해한다는 것, 더 나아가 '나와 조금 다른 존재들'과 마주한다는 건 누구에게나 어렵고 복잡한 일이다. 그래도 인생에는 '굉장히 복잡하고 어려운 일을 해내는 것으로 밖에' 느낄 수 없는 행복도 있다. 그리고 현재 우리가 당면한 이 문제는 정확히 그런 행복을 얻을 수 있게 만들어진 일종의 과정일 수도 있겠다.

어째서
섹스를 섹스라
부르지 못하고

부모님 세대에서부터 90년생이 태어나 자라기까지, 대한민국은 경제 발전 못지않게 급격한 사상적 변화를 경험했다. 오늘날 우리의 전통적 가치관이라고 할 만한 것들은 변한 것보다 변하지 않은 것을 헤아리는 게 더 빠를지도 모르겠다. 경제관념도, 사고방식도, 노동에 대한 관점도, 인생의 목표도, 행복의 기준도 어느 것 하나 이전과 비슷하다고 말하기 어렵다. 그래서 설날이나 추석 같은 민족 대명절에 애나 어른 할 것 없이 스마트폰만 만지작대는 행위는, '1년에 한 번 맞닥뜨려야 하는 외계 생명체들'로부터 자신의 심신을 보호하려는 나름의 전략인 것도 같다.

이렇듯 수많은 변화들 중에서도 유난히 도드라지는 것이 바로 '성性'에 대한 관점이다. 특히 이성간 성관계를 바라보는 시선은 너무나 많이 달라져 버려서, 이게 10년에서 20년에 불과한 시간 동안 벌어진 일이라는 것이 믿기지 않을 지경이다. 이 같은 변화가 정부 주도의 정책이나 교육 방향성 그리고 기성세대의 의도와는 완전히 다른 방향성으로 성장해왔다는 건 그보다도 더 놀랍다.

단도직입적으로 말해서, 우리 세대가 공교육을 통해 얻은 성적 지식은 사실상 없다. 90년대생들에게 이성 교제나 섹스 같은 것들은 대부분이 탈교육적 영역에서 학습된 것이다. 특히 지금의 20대 남자들에게 미친 영향을 비교해본다면, 학교에서 받은 성교육과 일본산 AV는 비교하는 것 자체가 실례인 수준이다. 새삼스러우면서도 충격적인 사실이다. 실질적 성교육(이걸 교육이라고 말할 수 있는지 잘 모르겠지만)의 상당 부분이 포르노로 이뤄진다니. 심지어 포르노라고 할 만한 것들은 대부분이 불법인 나라에서….

우리가 소위 말하는 '야동'으로부터 원천적으로 차단된 채 자랐다면 어땠을까? '2차 성징이 끝난 이성의 생식기가 어떻게 생겼는지' 같은 건 상상조차 어려웠을 것이다. 적어도 성인이 돼서 만난 첫 연애 상대와 첫 성경험을 갖기 전까진 말이다. 만약 그런 게 부모님 세대가 원하던 방향이었다면, 참 송구스럽게도 완전히 실패했다. 그래도 실패한 게 어디 당신들 잘못이겠는가. 하필 우리의 짧은 생애 중에 인터넷이란 게 나오고, 그 뒤로 프루나며 웹하드며 토렌트 같은 게 튀어나올 줄 누가 예상했겠냐고. 우리도 몰랐다.

우리는 기본적으로 성에 대한 관심과 욕구, 심지어는 표준어인 '섹스'라는 단어 자체까지 건전하지 못하다는 인상을 주입받으며 자랐다. 학창 시절 이성 교제에 관심을 가지면 '어린 녀석이 발랑 까졌다', '벌써부터 싹수가 노랗다'라는 말을 들었다. 섹스는 '모두가 알고 있지만 애써 모르는 척하며 입 밖으로 내지 않는다'는 면에서 마치 볼드모트 같았다. 이것마저도 세상이 바뀌었기에 망정이다. 성장 과정에서 '성'이나 '이성에 대한 관심' 같은 것들이 모두 죄악시되는 분위기는, 우리 이전 세대에서 더하면 더했지 결코 덜하지 않았을 것이다.

그러나 90년생이 처한 상황은 조금 달랐다. 우리는 마음만 먹으면 온라인 어디에서든 야한 사진이며 동영상 따위를 구할 수 있었으니까. 성에 대한 보수적 인식이나 교육 방식 같은 것들은, 어디까지나 오프라인에서만 그 영향을 발휘할 수 있었다. TV에서 직간접적인 성인 콘텐츠를 규제하고, 19금 만화책이나 비디오 같은 것들을 유통하지 못하게 제한해봤자 별 타격이 없었던 것이다. 인터넷 속에서 우리는 항상 한

발짝 앞서 나갔고, 어른들은 뭐가 원인인지도 모른 채 엄한 곳에서 삽질이나 하고 다녔다.

우리 세대의 올바른 성 인식 함양을 위해 기성세대가 했던 조치에는 어떤 것들이 있었을까? 기막힌 사례가 하나 있다. 한때 공중파 방송에서 〈원피스〉라는 일본 애니메이션을 방영한 적이 있는데, 여기서 등장하는 여성 캐릭터 '나미'가 입고 있던 옷을 검열해 내보냈던 것이다. 사실 검열이라고 할 것도 없는 게 배꼽티에서 배꼽을 가리는 것뿐이었지만…. 겨우 초등학생이었던 나도 '이게 정말 효과가 있을 것 같아서 한 건가?' 하는 생각이 들 정도였다. 그땐 성기가 적나라하게 드러나는 누드 사진을 보기 위해서, 그저 주소창에 '야한 사진' 이라고만 입력하기만 하면 됐다. 그런 시절이었다.

우린 통제 불능이었다. 인터넷 연결된 컴퓨터만 있으면 충분했다. 기성세대가 애써 뭔가를 막아놓을 즈음이면, 우리는 이미 다른 곳에서 성인 콘텐츠를 소비하고 있었다. 말하자면 톰과 제리 같은 관계였다. 이 경우에 톰은 제리가 있는 위치조차 제대로 몰랐던 셈이지만. 그로부터 10년이 넘게 지난 지금도 상황은 크게 다르지 않다. 지금쯤 정부 부처나 관계자들은 무슨 생각을 하고 있을까? 글쎄, 잘은 몰라도 '이제 VPN과 토렌트만 막으면 대한민국에서 포르노를 완전히 박멸할 수 있을 거야!' 같은 생각이나 하고 있다면, 앞으로도 별반 차이는 없을 것 같다.

성에 대해 개방적인 것이 무조건 옳고, 보수적으로 접근하는 게 다 잘못된 건 아닐 것이다. 서구적 발상이 늘 합리적인 것도, 전통적 가치가 항상 비합리적인 것도 아닐 것이다. 다만 상황을 냉정하게 판단할 필요는 있다. 전 국민에게 사실상의 인터넷 보급이 끝났고, 가구당 컴퓨터 한 대 보유로 인해 실질적인 세계화가 이뤄졌다. 여태 해왔던 것처럼의 조치로는 더 이상 효과를 보기 어렵다. 우리뿐 아니라 다음 세대에게도 마찬가지다. 있으나마나한 성교육 대신 포르노에 마구잡이로 노출된 채 성장하는 것, 섹스 자체를 몹시 자극적이고 은밀하며 퇴폐적인 콘텐츠로서 소비하는 것, 또 몇몇은 누군가에게 상처가 되는 형태의 성 관념을 갖고 사회로 나오는 것까지 모두 말이다.

이외에도 한국 사회가 자라나는 세대에게 '성'을 인식시키는 과정은, 솔직히 말해 참 곤혹스러운 면이 많다. 가령 고등학교 졸업하기 전까지는 또래 이성과의 물리적 접촉 자체를 제한해놓고, 스무 살이 되기 무섭게 180도 바뀐 기준을 들이민다든지 하는 것 말이다. 지금 같은 구조로선 '어떻게 이성과의 관계를 진전시키는지', '섹스가 대개 어떤 식으로 진행되는지', '욕구를 해소하는 방법들은 어떤 것들이 있는지'를 알기 위해 반드시 한 번 이상의 일탈을 경험해야 하는데….

남자의 경우, 성인이 된 시점부터 '여자 친구를 사귄 경험이 없다' 또는 '섹스해본 적이 없다'는 사실이 부끄럽고 창피한 요소로 바뀐다. 이런 인식은 시간이 흐를수록 더 잔인해지는데, 대학에 갓 입학한 남학생들 대부분이 여학생들 주위를 맴도는 이유다. 오랜 시간 스타트를 끊지 못하면 '모솔'이라는 멸칭으로 불리게 되거니와 더 나아가선 '인간 자체로서의 매력이나 사교성이 부족하다'고 보일 수 있기 때문이다. 성인이 된 남자는 좋든 싫든 연애와 섹스를 한 번쯤 경험함으로써 남성성을 증명해야 한다는 강박에 시달린다. 또 다수의 여성과의 성경험을 갖는 것은 또래 남자 집단 속에서 남성적 매력을 과시하는 일처럼 돼버린다. 진심으로 사랑하는 이성이 없어도, 아직 성적인 것에 관심이 없어도, 종교적인 가치와 반대되더라도, 심지어 섹스가 나나 상대방에게 기분 좋은 일이 아니더라도, 하다못해 누구도 가르쳐준 적 없었을 지라도. 남자로 태어난 이상 경험할 수밖에 없는 것이다. 해내지 못하면 결함이 되기 때문에.

여자의 경우, 한층 더 복잡하다. 성과 관련된 거의 모든 발상과 행동을 제한받으며 성장하다 보면, 성인이 되고도 자위는커녕 성기가 어떻게 생겼는지조차 모르는 경우가 태반이다. 얼마 전에 사귄 남자 친구는 계속해서 성관계를 요구하지만, 사회는 물론 부모님까지도 여성의 자유로운 성관계에 관대하지 않다. 각고의 노력 끝에 건강한 성생활을 시작한다 한들 더 골치 아픈 것들이 이어진다. 신체 구조상 각종 성병에 취약한 것도, 피임 실패로 가장 큰 리스크를 떠안는 것도 모두 여자의 몫이기 때문이다. 대다수의 남자는 여자 친구의 생리적 문제에 놀라우리만큼 무심하다. 당연하다면 당연한 귀결이다. 그동안 그런 문제들을 함께 고민하고 해결해야 한다고 말해준 사람이 얼마나 있었겠는가?

*

몇 달 전, 여자 친구와 산부인과를 찾아갔다. 함께 자궁경부암 주사를 맞기 위해서였다. 주사실에 앉아 기다리고 있는데, 간호사가 나와 여자 친구를 한 번씩 보곤 너스레를 떨며 말했다.

"그래도 남자 친구가 참 기특하네요."

"네?" 나는 의아한 나머지 이렇게 물었다.

"기특하다고요?"

"기특하죠. 보통은 남자 친구가 같이 산부인과 오는 경우도 잘 없는데." 간호사는 주사기 바늘을 점검하면서, 새삼스럽다는 듯 이야기했다.

"자궁경부암 주사 맞으러 다 오고. 비용도 만만찮잖아요. 쉬운 건 아니지."

나는 뒤늦게 말뜻을 알아차리고 대답했다. "기특하긴요, 당연히 맞아야 되는 건데요."

"그렇긴 한데 잘 모르잖아요? 남자들은." 간호사

가 주사기와 알코올 솜을 들고 오며 말했다.

"자, 팔을 어깨 위쪽까지 걷어볼래요? 좀 아플 거예요."

간호사가 '좀 아프다'고 하면 일반인 기준에선 '무지 아프다'는 의미다. 뭐, 말 그대로 따끔하긴 했지만 충분히 견딜 만한 정도였다. 주사를 맞았던 부위는 한동안 멍든 것처럼 아프다가 이내 사라졌다. 별 것 아니었다. 먼저 주사를 맞으러 가자고 얘길 꺼냈던 게 참 잘한 일이라는 생각이 들었다. 한편으론 남자가 함께 산부인과에 가는 게 '기특한 일'처럼 여겨지는 상황이 씁쓸하면서도.

*

어렸을 땐 섹스가 대단한 것인 줄 알았다. 이성과 알몸으로 뒤섞이는 일에 뭔가 엄청난 것이 있어서, 커서 섹스를 하게 되면 상상도 못할 행복이 시작될 것 같았다. 돌이켜보면 철없는 얼라들이 가지는 환상이란 다 거기서 거기구나 싶지만. 그런 호기심이 마냥 잘못됐다 할 수 없는 것이 그 역시도 젊음이 가진 특권 아닌가.

그야 어른이 된 지금도 섹스에 신비롭고 기묘한 환상이 있다. 인간으로서 성에 대한 관심이며 흥미는 별 수 없을 것이다. 하지만 시간이 갈수록 상상하던 것만큼 엄청난 건 아니라는 것은 명확하다. 섹스가 대단한 건 맞는데, 어릴 적 생각했던 것과는 무척 다른 느낌으로 대단하다고 해야 할까? 내게 그 무엇과도 바꿀 수 없는 쾌락을 가져다주는 행위가 아니라, 진심 어린 사랑을 표현하는 하나의 방법으로서, '네가 내게 얼마나 소중하고 사랑스러운 존재인지'를 확인시켜주는 언어로서 위대하다고 느낀다. 이제는 그렇다.

나도 언젠간 기성세대가 될 것이다. 그래서 이 다음 세대로부터 "아기는 어떻게 생겨요?", "섹스가 뭐예요?" 같은 질문을 들을 수도 있을 것이다. 기로의 순간이다. 모든 걸 애써 숨기며 시간에게 책임을 미룰 것인가, 아니면 가능한 솔직하게 말할 것인가 하는 양자택일의 상황이 온다면… 글쎄, 뭐라고 해야 할까? 옷 다 벗고 하는 레슬링? 일개 포유류의 유성생식 시스템? 돈으로 치환 가능한 서비스나 재화? 모든 사랑의 종착점? 아니, 이런 건 정확한 표현도 아닌 데다 이해하기도 힘들 것 같다. 꼭 필요한 말이라면, 이런 이야기를 하지 않을까. 멋진 일이긴 한데 살면서 가장 중요하게 여길 만큼 대단한 건 아니라고. 뭘 어떻게 하든 서로에게 어떤 의미인지가 가장 중요하다고. 그러니 다 커서 하게 되거든 꼭 이름을 불러주라고. 이름이 없으면 그저 몸짓에 지나지 않을 거라고.

불공평해도
공평하다는 거짓말은
하지 말았어야죠

초등학교 3학년 때의 일이다.

집안 사정으로 새로운 학교로 전학을 갔던 나는 일주일도 채 되지 않아 사고를 쳤다. 사실 내가 정말로 '사고'를 쳤는지는 잘 모르겠다. 분명한 건 그때 나를 둘러싼 모든 사람들이 나더러 '네가 사고를 쳤다'고 말했다는 것이다.

학기 절반이 지나갈 즈음 전학을 왔던 나는 교실 맨 뒷자리에 앉게 되었다. 사흘째 되던 날, 아침 조회 시간이 끝나자마자 반장이 내 자리로 와서 하루만 자리를 바꿔줄 수 있냐고 물었다. 나는 어리둥절하여 이 학교는 자리를 맘대로 바꿔도 괜찮은지를 물었고, 반장은 문제가 없다 하여 전학 첫 주에 불화를 만들고 싶지 않아 자리를 바꿔주었다.

사건은 바로 다음 수업 시간부터 벌어졌다. 반장의 자리가 바뀐 걸 알아챈 선생님이 '왜 네가 거기에 있느냐'고 물었다. 반장은 '얼마 전에 온 전학생이 글씨가 잘 안 보인다고 해서 바꿔줬다'고 대답했다. 나는 어처구니가 없었다. 선생님이 사실이냐고 묻기에 아니라고 대답했다. 이내 자리는 원래대로 되돌아갔다. 반장과 나는 수업이 끝나는 대로 교무실에 불려가

추궁을 당했다.

"둘 중 하나는 거짓말하고 있는 건데. 똑바로 얘기 안 해?" 선생님이 잔뜩 험상궂은 표정을 지어 보이며 말했다. 나는 겁에 질려 있었다.

"전 진짜 아니에요." 반장은 아무렇지 않게 말했다. 정말 기가 찬다는 듯한 표정으로 날 흘겨보면서, 완벽한 연기를 했다.

"전… 아니에요. 반장이 먼저 바꾸자고, 저한테 그, 그랬어요. 정말이에요…."

나는 감정이 복받친 나머지 말을 더듬었다. 꼭 잘못한 아이가 서툰 거짓말을 내놓는 모양새였다.

선생님은 뭔가 눈치를 채셨다는 듯, 반장에게 먼저 교실로 올라가라는 하신 후에 내게 몇 번이고 정말 안 했냐고 다그쳤다. 나는 계속해서 안 했다는 대답만 반복하자 내 앞에서 엄마에게 전화를 걸었다. 엄마는 수업 마치는 시간에 맞춰 학교 교무실로 오기로 하셨다.

교실로 돌아가 뒷문을 슬며시 열고 들어가는데 반장의 따가운 시선이 느껴졌다. 명백한 적의였다. 방금 전까지는 나를 궁지로 내몬 반장에게 화가 나 있었는데, 반장의 눈빛을 마주하자 퍽 두려워지기 시작했다. 무슨 일이 벌어지리라는 예감이 들었다.

불길한 예감은 머지않아 현실이 됐다. 쉬는 시간에 반장은 말 없이 다가와 내 따귀를 때렸다. 살면서 친구에게 뺨을 맞은 건 처음이었다. 그 후로 반장은 내 멱살을 잡고 배를 찼고 나는 의자와 함께 나뒹굴었다. 옆에 있던 친구들이 말리자 반장은 마지못해 욕을 내뱉고는 교실을 걸어 나갔다. 여자아이 두어 명이 다가와 내게 괜찮냐고, 반장이 왜 그러냐고 묻는데 아무런 대답을 할 수 없었다. 나도 몰랐으니까.

하교 시간이 돼서 교무실로 향하는 길이었다. 날 두들겨 팼던 반장이 친구 여러 명을 곁에 두고 웃고 떠들며 학원에 가는 모습이 보였다. 선생님은 교무실에 들어서 곁에 다가선 나를 거들떠도 보지 않았다. 그러다가 처음 한 말이, "야, 너 저기 가서 무릎 꿇고 손들고 있어."였다. 나는 영문도 모르고 벌을 섰다. 엄마는 그로부터 5분쯤 지나서 교무실 문을 열고 들어왔다. 추레한 옷차림이었다. 자고 일어난 머리는 헝클어진 그대로였다. 흔히들 '학부모'라고 했을 때 떠올리는 모습과는 분명 달랐다.

짧은 면담이 시작되었고, 엄마는 거의 선생님의 말을 듣기만 할 뿐이었다. 내용은 대략 이러했다. 전학 오자마자 분란 일으키는 아이는 처음 봤다. 이전 학교에서 무슨 문제로 전학을 오게 되었냐. 이런 경우에는 가정교육에 신경 쓰셔야 한다. 하필 성적 좋고 평판 좋은 반장을 건드리면 어떡하냐. 반장 어머니도 학부모회에서 적극 활동하시는 분이다. 가정에서 보다 적극적 지도 부탁드린다 등.

엄마는 가만히 듣고 '예, 예' 하고 대답을 하시고는 집으로 와서 파리채로 잡히는 대로 나를 때렸다. 나는 잘못했다고, 다시는 안 그렇겠다고, 눈물을 질질 흘리며 엎드려 빌었다. 그날 밤 엄마는 잠든 척하는 내게 다가와서 매 맞은 자국에다가 일일이 연고를 펴 발라줬다.

그 3학년 2학기는 열 살배기 아이에게 참 지옥 같은 시간이었다. 다행히 4학년이 되고 나서는 두 번 다시 그 반장과 마주치지 않았다. 듣자 하니 가족 전체가 미국으로 이민을 갔다는 모양이었다. 그래서 그때의 나는 미국이 참 고마웠던 것 같다. 실제론 어디에 있는 나라인지도 잘 몰랐지만.

*

스무 살이 되던 해, 서울의 한 4년제 대학에 합격했다. 나는 느닷없이 상경하게 됐다. 기숙사 신청 기간이 훌쩍 지난 탓에 어디든 자취할 방을 구해야 하는 상황이었다. 학자금이야 장학 재단에서 대출을 하면 된다지만 모아둔 돈이 없는 우리 집 상황에서 얻을 수 있는 방은 몇 개 되지도 않았다. 마침내 인천 서구에 있는 한 아파트에 작은 방 하나를 쓰기로 하고, 이웃 주민으로부터 45만 원을 빌려서 냈다. 30만 원이 보증금이었고 15만 원이 첫 달 월세였다.

인천 검단의 그 아파트에서 합정역까지 가는 방법은 두세 가지쯤 됐다. 가장 경제적인 루트는 1100번 광역 버스를 타는 것이었다. 당시 광역 버스는 한 번 타는데 2,500원이 들었다. 왕복하면 5,000원이었고, 그걸 주 5회 타면 일주일에만 2만 5,000원이나 되는 거금을 쓰는 셈이었다. 한 달로 치면 10만 원이니, 사실상 거기서 사는 월세는 25만 원이나 다름없었다.

서울 경기를 오가는 무수한 빨간 버스 중에서도 1100번 노선은 배차 시간이 꽤 긴 편이었다. 자칫 시간대라도 잘못 잡으면 하루 등하교에만 3시간을 넘게 써야 했다.

새내기 전공필수는 대부분 오전 9시에 시작했다. 그럼 오전 6시에는 일어나서 준비를 하고 버스에서 1시간 반을 달려 홍대입구역에 도착한다. 여기서 웃긴 건 말이 '홍대입구역'이지 막상 역에서 홍대 정문까지는 경사도 있고 거리도 꽤 멀었다. 그런데 정문은 정말 정문일 뿐이고, 경영대학 건물은 또 캠퍼스 꽤 깊숙한 곳에 있었다. 그동안 왔던 길보다 더 심한 오르막을 5분쯤 더 올라야 했다. 마침내 건물에 도착하면 빌어먹을 강의실이 또 3층이었다.

다소 험난한 아침 시간을 보낸 터라 강의 시간에 가끔 졸곤 했는데, 대학 수업은 한 번 진도를 놓치면 따라잡기 어려웠다. 서울 말 쓰는 동기들에게 '공책 좀 빌려줄래?' 하고 부탁할 배짱도 없어서 종종 질문을 하시는 교수님께 늘 꾸중을 들었다. 지방에서 멀리 있는 대학까지 와서 이게 무슨 자세냐고, 그렇게 비싼 등록금 내고 다니면 열심히 해야 할 것 아니냐고. 내 대답은 항상 죄송하다는 말 뿐이었다.

"넌 그래도 대학물이라도 먹은 게 어디냐."

전화기 너머로 엄마가 말했다. 그땐 정말 그렇다고 생각했다. 1년 전만 해도 진심으로 공장에 취직할 생각을 했었는데, 놀랍게도 지금은 두꺼운 책을 들고 대학에 다니고 있었으니. 나는 엄마한테 요즘 공부가 잘 된다는 말을 남기고 전화를 끊었다.

지하철역에서 학교 정문으로 이어지는 큰 길에 주상복합형 건물 하나가 있었다. 공강 때마다 내가 밥버거를 사 먹으러 가곤 했던 곳인데, 그 위로 푸르지오 아파트가 있다는 사실은 뒤늦게 알았다.

교양 수업에서 같은 조가 됐던 그 친구는 유독 넉살이 좋았다. 성격도 시원시원하고, 뒤끝도 없고, 선배는 물론 또래 친구들에게도 자주 밥을 사서 (어쩌다 나도 두 번쯤 얻어먹었다) 인기가 있는 편이었다.

한 번은 발표를 앞두고 학교 안에 있는 카페에서 그 친구와 조 모임을 했다. 친구는 발표를 하기로 돼 있었다. 그런데 카페에 와 가방을 뒤지더니 노트북을 깜빡했다는 것이다. 이제 어떡하나, 집에서 혼자 연습

하고 오는 걸 믿어야 하나, 그런 생각을 하고 있을 즈음 그 친구가 덥석 말을 꺼냈다.

"같이 가지러 갈래? 어차피 요 앞이거든. 내가 실수한 거니까 간식도 살게."

그렇게 어쩌다가 따라나섰는데, 처음엔 걔가 어디 물품 보관소라도 가는 줄 알았다. 왜 물품 보관소에다가 노트북같이 비싼 물건을 맡겨놓는 걸까, 학교 사물함을 신청해서 쓰는 게 더 안전할 텐데, 이상한 놈이네. 같은 생각을 하고 있으려니 얘가 길가 건물 안으로 불쑥 들어가는 것이다. 내가 밥버거 사 먹던 그 상가 건물이었다. 그 친구와 나는 건물 안쪽의 엘리베이터를 거쳐 아파트 쪽으로 올라갔다.

현관문을 열고 들어가자 넓은 아파트 거실이 펼쳐졌다. 거기에 딸린 방이 1개, 2개…. 나는 짐짓 놀란 표정을 짓지 않으려고 애를 쓰고 있었다.

"아, 같이 와줘서 고마워. 혼자 왔다 갔다 하면 심심하잖아. 거기 냉장고에 음료수 있으니까 꺼내 마셔도 돼." 그 친구의 말이었다.

"여기 엄청 넓네." 나는 냉장고에서 에비앙 생수 하나를 꺼내 들고, 가능한 자연스러운 말투로 말했다.

"몇 평이야, 여기는?"

"글쎄, 잘 모르겠는데. 아마 30평이라고 했나? 정확히는 모르겠네…. 내가 노트북을 어디 뒀더라?"

"어디가 너 방인데?"

"잠은 저 안쪽 방에서 자는데 공부는 이 방에서 해. 아마 여기 어딘가 있을 텐데…. 아, 미안해. 내가 청소를 안 해서. 금방 찾을 줄 알았는데."

"어어, 괜찮아." 내가 대답했다. 거짓말이었다. 난 괜찮지 않았다.

노트북을 찾아 나오면서, 나는 그 아파트에 관한 몇 가지 사실을 조심스럽게 물었다. 그 친구는 '왜 이런 걸 묻지' 하고 생각하는 듯했지만 대답은 열심히 해주었다. 그래서 나는 그 친구 아버지가 대학 입학 기념으로 정문 앞에 있는 수 억짜리 아파트를 전세해 준 일이며, 걸어서 금방이긴 해도 1교시 수업 땐 오전 8시 전후에는 일어나야 하더라는 얘기까지 들을 수 있었다.

"솔직히 말하면, 혼자 쓰기엔 조금 넓긴 해." 그 친구는 양손에 간식거리가 든 비닐을 들고 말했다.

"예쁜 여자 친구 사귀면 걔한테 방 하나 주고 같이 살려고. 돈은 됐으니까 아침밥이랑 청소만 시키는 걸로. 하하."

그 친구는 농담처럼 말했다. 나도 덩달아 웃을 수밖에 없었다. 별로 웃긴 상황은 아니었는데. 굳이 웃긴 부분을 찾자면 그 친구가 일주일도 안 돼 정말 예쁜 여자 친구를 사귀게 됐다는 것, 그리고 그 여자 친구가 교양 수업 같은 조에 있던 새내기 여학생이었다는 것이다. 언제부터 그렇게 된 거지? 난 정말 아무것도 눈치채지 못했다. 같은 학교, 같은 테이블에 앉아 있었는데.

*

엄마가 알코올중독으로 정신병원에 입원해 치료받는 동안, 나는 외할머니에게 맡겨져 2년 정도를 살았다. 막 초등학교에 입학했던 내게 엄마의 부재란 충격적인 사건이었다. 엄마와 관련된 기억이라곤 가끔 해주던 매콤한 떡볶이, 술에 취해 집에 있는 물건을 마구 내던지는 모습 정도였지만.

다만 외할머니 밑에서 자란 2년은 내 소싯적 기

억 가운데 가장 평온한 시기였다. 독실한 가톨릭 신자였던 외할머니는 최선을 다해 나를 보살펴주셨다. 내가 신발 질질 끄는 습관을 고친 것, 일찍이 젓가락질을 배워 포크를 졸업한 것, 웃어른에게 예의 바르게 인사하는 습관이 생긴 것도 모두 외할머니의 가르침 덕분이었다. 또 웬만하면 매를 들지 않는 분이셨다. 성가 책 뒤에 헌금용으로 꽂혀있던 1만 원을 훔쳐 동네 문구점의 뽑기로 다 써버렸을 때를 제외하곤 말이다.

한 번은 초등학교 받아쓰기 시험에서 75점을 받아서 집에 돌아와 펑펑 운 적이 있다. 그때 외할머니는 나를 달래면서 노래 한 소절을 불러주셨다.

"안 되는 게 없단다. 노력하면은."

사실 노래라기보단 으레 하는 말에 멜로디를 붙인 것에 지나지 않았다. 그래도 그때의 내겐 엄청난 위로가 됐는지, 듣자마자 울음을 뚝 그쳤던 것으로 기억한다. 나아질 가능성이 있다는 것. 영원한 패배자는 없다는 것. 노력하면 나도 잘할 수 있다는 것. 덕분에 나는 열심히 노력하기로 마음먹었고, 그날부로 혼자 꾸준히 받아쓰기 연습을 했다. 이 이야기의 결말은 꽤

멋지다. 그 뒤로부터는 받아쓰기 시험에서 틀린 기억이 거의 없고, 지금 나는 글 쓰는 것으로 먹고사는 어른이 됐으니까.

그러나 언젠가 대학생이 돼 찾았던 외할머니의 빈소에서, 나는 도리어 원망했다. 영정 속 할머니는 여전히 같은 말만 반복하고 있었다. 빈아, 노력하면 안 되는 게 없단다. 정말 최선을 다해 노력하면 안 되는 게….

… 노력하면 안 되는 게 없다니? 세상에 그런 거짓말이 어디 있어요? 차라리 솔직하게 말씀해주지 그러셨어요. 기도하면 다 이뤄진다니? 또 그런 거짓말은 어디 있나요? 그냥 사실대로 이야기해주지 그러셨어요. 세상에는 노력으로도, 기도로도 안 되는 게 있다고요. 살다 보면 전혀 평등하지 않은 기회도 있다고. 사실 노력하는 것도 공평하지만은 않다고. 어쩔 땐 노력하기조차 힘든 상황에 놓이기도 하는데, 우리처럼 가난하게 태어나는 경우엔 더 힘들 수도 있다고. 그러니까 운이 조금이라도 따르지 않으면 불가능한, 그런 위대한 성공을 하지 못한다고 해서 네가 충분히 노력하지 않은 건 아니라고. 누구에게는 하루하루 살아

내는 것조차 거대한 성공이라고. 반드시 남들만큼 살아야 행복할 수 있는 건 아니라고. 사랑하고 사랑받을 수 있는 사람이라면 언제 어디서든 행복할 자격이 있다고. 그렇게 말씀해주셔도 됐잖아요. 노력하면 다 될 거란 거짓말보다는요….

이미 정해진
주인공들의 사회

언제부터였을까? 아침 뉴스에서 '입시 비리' 또는 '취업 비리' 같은 보도가 나오는 것에 익숙해지고, '될놈될(될 놈은 뭘 해도 된다)'과 같은 신조어까지 생기게 된 것이. 어떤 이슈든 개인마다 상반된 의견이라는 건 있겠지만, 요 몇 년 사이에 부쩍 심각한 사회문제로 대두되고 있다는 건 대체로 동의할 것이다.

솔직히 말해서 이제와 입시나 취업 같은 '기회상의 불공정성'이 문제시된다는 게 새삼스럽다. 아니, 그동안 진짜 모르고 있었다는 말인가? 최근 포털사이트 메인에 걸린 기사 댓글과 뉴스 보도에 반응하는 사람들을 보면 정말이지 기가 찰 때도 있다. 여태껏 산타가 있는 줄 알았던 사람들이 어느 날 '사실 산타는 없어'라는 말을 들은 것처럼 반응하니까. 적어도 나는 우리 사회가 가진 불공평이나 그 시스템에 대한 인식이 공공연한 것이라 생각했는데 말이다. 애들도 알고 있는 걸 왜 어른들은 잘 모르고 있었을까?

지나가는 중고등학생 아무나 붙잡고 질문해보라. 너희가 과연 공평하게 경쟁하고 있는 것 같으냐고. 과연 무슨 대답이 나올 것 같은가? "네, 저희는 동일한 조건과 환경에서 경쟁하고 있고, 최선을 다해 노력하면 남들보다 뛰어난 결과를 얻을 수 있을 거라 확신해요."라는 대답이 나오리라고는 기대되지 않는다. 만에 하나 이런 대답을 하는 친구가 있더라도, 나는 진심으로 마음이 아플 것 같다. 그렇게 말하는 학생에게 지금의 어른들이 무슨 말을 할 수 있을까? "뭘 몰라도 한참 모르는구나. 세상은 자질구레한 불공평으로 가득 차 있단다. 네가 금수저 물고 태어난 게 아니면 웬만큼 노력해도 닿을 수 없는 곳이 있어."라고 말할 것인가? 나는 못할 것 같다. 결국에는 거짓말을 할 수밖에 없다. 언젠가 거대한 배신감으로 되돌아올 그런 종류의 거짓말 말이다.

공부라는 건 신분 상승을 위한 마지막 수단도 아니고, 누구에게나 공정하게 주어지는 기회도 아니다. 학력고사와 수능 중에서 어느 쪽이 더 바람직한 방향이었느냐, 혹은 보다 공평한 기회를 부여하기 위해선 어떻게 개선해야 하겠느냐, 같은 질문을 한다면 그런 건 잘 모르겠다. 단지 하나만큼은 확실하게 말할 수 있다. 내가 경험하고 관찰했던 우리 시대의 교육은 공정하지 않았다. 최종 결과에 가시적인 영향을 미치는 것들, 노골적인 입시, 취업 비리 같은 것들을 모두 제외하더라도 그렇다.

표면적인 계급이 제도적으로 폐지된 지는 100년이 넘었다. 그래도 우리는 알고 있다. 분명 사회에는 보이지 않는 계급이 존재한다. 사회에 뛰어들지 않은, 아직 공부하는 학생들에게도 다를 바 없다. 여전히 기회는 공정하지 않고, 불평등은 해소되지 않았다. 그저 조금 덜 노골적으로, 좀 더 합리화하기 좋은 방식으로 흐리멍덩해졌을 뿐이다. 나아진 건 승자의 논리뿐이다. '너희들에게도 기회가 없진 않았잖아', '우리도 너희와 거의 동일한 환경에 있었어', '운 좋게 타고 난 게 아니라 너희보다 훨씬 더 노력해서 얻은 것들이야' 같은.

*

내가 다녔던 학교는 지방의 평범한 평준화 고등학교였다. 과거에는 명문 고등학교로서 제법 유명했던 모양이지만, 내가 진학했을 무렵엔 모든 게 과거의 영광으로 전락해버린 뒤였다. 주변에 있는 인문계 고등학교들과 줄을 세우자면 딱 중간쯤의 성적이 나오는 학교였다. 다만 내 졸업 기수는 꽤 성적이 좋았는지, 졸업할 당시 '축) 서울대 9명 합격' 같은 현수막이 학교 정문에 내걸리기도 했다. 평준화 고교에서 한 기수에 서울대 합격자가 10명 가까이되는 건 흔치 않은 일이었다.

내 학창 시절을 간단하게 말하자면, 초등학교 때에는 공부를 잘했고 (누군들 안 그랬겠냐만), 중학교 때에는 그냥 평범했고, 고등학교에 진학할 시점에는 별 볼 일 없었다. 우리 땐 수학과 영어 과목에 한해 A, B, C, D 등급으로 나눠 수준별로 수업을 진행했는데, 난 당연히 D반에 들어가 앉았다. 내 성적은 2년간 제자리걸음이었고, 3학년이 된 이후에서나 A반에 겨우 올라갈 수 있었다.

나라고 공부를 잘하고 싶은 마음이 없었던 건 아니다. 못 하고 싶어서 못 하는 사람은 없다. 더욱이 삶이 팍팍했던 우리 집에서는 공부만이 유일한 살 길처럼 느껴지던 시기도 있었다. 또 엄마는 내게 "더울 때 시원한 데서 일하고, 추울 때 따뜻한 데서 일하려면 공부를 잘해야 한다."는 말을 수시로 하곤 했다. 입시 전형이나 나의 학교 성적에 대해 숙지하고 있거나 공부를 가르쳐준 건 전무하다시피 하셨지만. 엄마가 알고 있던 건 그저 부모님 세대에도 쓰였던 '수우미양가'와 '무조건 공부를 잘해야 된다'는 사실 정도였다. 내가 '수'나 '우'를 받으면 좋아했고, '양'이나 '가'를 받으면 화를 내셨다. 고등학교 진학 이후 '미' 이하의 성적을 받아오는 빈도가 잦아지고 나서부턴 격려는커녕 "넌 군대 가서 말뚝 박는 것도 좋은 선택이다."라는 말을 심심치 않게 하셨다.

하여간 나는 어느 시점부터 '공부를 열심히 해야지' 하는 마음 자체를 잃어버렸다. 학교에서 하는 일이라곤 책상에 엎드려 자는 것과 점심시간에 운동장에서 야구공이나 던지는 것이 전부였다. 격려도 없이 매번 못한 것만 꾸짖는 엄마, 노골적인 편애와 차별을 일삼는 선생님들, 보습학원을 보내주거나 번듯한 교재를 사줄 만큼 여유롭지 못했던 가정 형편까지. 날 둘러싼 거의 대부분의 것들이 공부에 대한 의지며 열망 같은 것들을 꺾어놓기 바빴다.

등급별로 나뉘는 수업은 또 어떤가? A반 담당 선

생님과 D반 담당 선생님의 태도는 언뜻 보기에도 차이가 있었다. A반이 심화 문제 유형별 분석이며 기출 풀이를 할 때, D반은 명목상 끝까지 가야 하는 진도를 줄줄 읊으며 끌고 가는 것에 그쳤다. 학생들도 마찬가지였다. D반에서 허리를 세우고 정상적으로 수업을 듣는 건 좀 지질한 짓처럼 여겨졌다. 그래서 난 정신이 말짱할 때마저 엎드려 자는 척을 했다. 행여나 다른 친구들이 날 이상하게 보진 않을까 생각하면서. 그렇게 날 포함한 반절 이상의 학생들이 엎드려 잤고, 개중 두어 명은 코를 심하게 골았다. 그나마 자지 않는 학생들도 책상 아래로 휴대폰 게임을 하거나 MP3에 저장된 판타지 소설을 읽는 등 딴짓에만 열심이었다.

그동안 D반 선생님은 칠판 앞에서 혼자 문제를 풀었다. 아무도 듣지 않는 풀이를 혼잣말처럼 되뇌면서, 이따금 듣는 학생이 한 명이라도 있는지 쭉 훑어보곤 했다. 난 혹시라도 그 선생님과 눈을 마주칠까 봐, 내가 그 선생님의 유일한 희망이 돼버리진 않을까 노심초사하면서 고개를 이쪽저쪽으로 돌렸다. 간혹 선생님이 질문을 해올 땐 아는 문제라도 모르는 척하고 말았다. 그래도 괜찮은 줄 알았고, 그래야 하는 줄 알았다. 나는 D반이었으니까. 어차피 올라갈 수도 없고, 올라갈 생각도 없고. 앞으로의 인생도 마찬가지일 것 같았다. 지금도 그 수학 선생님께는 죄송한 마음이다. 어떤 상처는 결코 글 몇 자 따위로 아물 수 없기 때문이다.

신기한 사실이 하나 있다. 나는 초등학교와 중학교, 도합 9년을 다니면서 '내신'이며 '수시'라는 단어의 뜻을 들은 적도 배운 적도 없다. 그래서 고등학교에 들어가 내신 평가나 정시와 수시 얘기를 알아듣기까진 꽤 오랜 시간이 걸렸다. 그에 비해 원래 공부를 잘하는 친구들은 그런 단어들의 의미부터 관리의 필요성까지 오래전부터 당연한 상식처럼 알고 있었다.

그런 학생들은 입학할 당시부터 달랐다. 입학식이나 각종 교내 행사에 학생 대표로서 앞에 나가 선서를 했고 (당연히 학생 회장 같은 게 아니었다), 학기 초부터 담임 선생님과 개별적인 진로 상담을 받았다. 시험 직후에 성적이 떨어지기라도 하면 따로 교무실에 불려가기 일쑤였다. 그런가 하면 '영재반'이라고 해서 전교 석차 30등까지의 학생들을 따로 뽑아 자습을 시키기도 했는데, 영재반이 공부하는 열람실은 일반 학생들의 자습실과 구분돼 있어 무척 조용하고 깨끗했다.

특히 '서울대에 합격할 수 있을 만큼' 높은 성적을 거두는 학생들은 교장, 교감 차원에서의 관리를 받았다. 방과 후 보충 수업도 따로 들어갔고, 방학 땐 학교 지하에서 그 몇 명만을 위한 심화 클래스를 운영하기도 했다. 3학년이 되면 아예 '지균(지역 균형 선별 전형)'이네 '기균(기회 균등 전형)'이네 하는 특수 전형들을 두고 컨설팅까지 해줬다. 학생부에 기재될 내용을 선생님이 쓰는 대신 스스로 작성할 수 있는 특혜도 주어졌다. 어떤 측면에서 보면 입학부터 졸업까지 주인공들은 정해져 있었고, 학교 측은 가능한 모든 수단을 동원해 서울대학교 합격자를 완성한 셈이다. 결국 고등학교의 명성이 평가되는 기준 가운데 '전년도 서울대 합격자의 수'만큼 확실한 것도 없기 때문이다.

일반적인 학생들은 이런 사실을 알지도 못하거니와 관심도 없었다. 만약 알았더라도 어떻게 하겠는가. 그 아이들이 공부를 열심히 하고 잘하는 건 사실인데. 학교 입장에선 조금이라도 더 가능성이 있고 베팅해 볼 만한 옵션에 투자했을 뿐이다. 단 정말로 노력했느냐 노력하지 않았느냐를 떠나서, 그 과정에서의 불공평이 당연시되어 왔다는 점은 씁쓸하기 짝이 없다. 같은 학교, 같은 반에 앉아 있는 학생인데도 어떤 학생은 '입학사정관'이며 '학종(학생부 종합 전형)' 같은 명문대학교들의 입학 전형을 줄줄 꿰고 있는 한편, 어떤 학생은 수시가 무슨 뜻인지조차 모를 수 있다는 것 말이다.

점수를 조작하고, 시험 문제를 유출하고, 부정한 방법으로 합격과 불합격을 바꿔치기하는 등의 사건은, 실로 우리 사회가 품고 있는 무수한 불평등의 편린에 불과하다. 학벌로 인해 받았던 불평등을 극복하고자 그렇게 공부를 시켰는데, 알고 보면 그 학벌을 얻는 과정도 평등하지 않다니. 자식 교육을 위해 매달 수십만 원의 학원비며 과외비를 투자해 온 부모님 세대들에겐 아이러니하면서도 슬픈 사실이겠다. 우린 그냥 패배했을 뿐이지만.

*

젊을 때 고생은 사서도 한다는 말이 있다. 그러나 우리는 종종 산 적도, 원한 적도 없는 개고생을 경험하게 된다. 이렇다 할 원인도 방법도 없는 그런 고생은 한창 때인 청춘에게 깊은 패배감을 학습시킨다. 그래서 대부분의 90년대생들은 '노력하면 되겠지' 하고 겉으로 쿨하게 인정하는 듯하지만, 속으론 '나는 어차피 학력도 별로고 집안도 별로라서 못 할 거야', '쟤는 명문대 출신이니까' 같은 생각을 하며 마음속 깊은 곳에서 사회적, 경제적 계급을 수긍해버리고 만다.

내가 아는 대한민국의 역사에서, '먼저 주인공을 정해놓고 투자하는 것'은 전략이 아니라 전통에 가깝다. 서울을 비롯한 거점 도시들을 중심으로 개발하는 것, 지식인 계층의 자녀들을 국비로 유학 보내는 것, 올림픽에 출전하는 선수들 중 가능성 있는 인기 종목 선수에게만 투자하는 것, 우수한 성적의 아이들을 무사히 서울대에 가게끔 설계하는 것까지. 자원도 없는 우리나라가 살 방법은 이것뿐이라는 말을 꼭 덧붙이면서.

우리 사회에 빛이라는 게 있다면 그 형태는 아마 스포트라이트일 것이다. 조명이 미치는 곳의 주인공은 더할 나위 없이 밝게 빛나며 주목받지만, 그 밖에 있는 사람들은 보이지도 않는 엑스트라로 전락할 수밖에 없다. 사회 전체로 보면, 아주 일부분에 불과한 사람들을 비추기 위해서 대다수가 버려지는 셈이다. 구성원의 대부분이 나 아닌 다른 누군가의 영광을 위해 존재하는 사회라면, 평균적으로는 행복하기보다 불행하다고 할 것이다. 그래서 90년대생들은 '당신이 바라던 주인공이 되지 못해서' 부모님 세대는 '자식을 다른 인생의 조연으로 만들어서' 서로 미워하고 미안해한다. 지금껏 해가 뜨지 않은 건 우리 중 그 누구의 잘못도 아닌데 말이다.

게임이나 아이돌,
아니면 유튜브
밖에 없어서

나는 친구가 많지 않다. 성격도 워낙 괴이한 데다 많은 친구를 사귈 만큼 사교적인 인간도 아니다. 굳이 변명하자면 좁고 깊은 관계를 추구하는 편이라고 해두겠다. 최근 들어 꾸준히 교류하고 있는 한 친구는 판타지 소설 작가인데, 나와 장르는 달라도 자기 분야에서 제법 인정을 받고 있다. 한번은 만나서 이런저런 얘길 하다가 "너는 판타지 소설을 써볼 생각이 없냐?"고 묻기에, 나는 "내가 무슨. 판타지 소설은 개나 소나 쓰냐?"라고 대답했다.

"어, 원리만 알면 개나 소나 못 쓸 것도 없지." 친구가 대꾸했다.

"원리라고?" 나는 놀라서 되물었다. 창작 활동에 '원리'라는 말을 쓴다는 것이, 내게는 어쩐지 생소하게 느껴졌다.

"판타지 소설 쓰는데 무슨 원리가 있어서?"

"무조건 '성장형 주인공'을 넣으면 돼. 물론 요령이 생기기까진 꽤 시간이 걸리지만, '사람들이 그 주인공에 감정을 이입하게 만들어서 대리 만족을 느끼게 해준다'는 기본 틀은 변하지 않아. 그다음에는 콘셉트와 기획의 싸움이지."라며, 친구는 마치 준비라도 해온 것처럼 술술 이야기하는 것이었다. 잘 모르는 분야였지만 듣고 보니 무작정 틀렸다고 할 수 있는 부분도 없었거니와 대체로 일리도 있었다.

“정말 그럴듯한데?” 내가 말했다.

“그래서. 할래, 말래?” 친구가 재차 물었지만, 내 대답은 정해져 있었다. 나는 안 한다고 대답했다. 친구는 도통 이해가 안 된다는 표정으로 술을 마실 뿐이었다. 표면상의 이유는 ‘내가 그 분야로 간다고 한들 너만큼 잘할 자신이 없다’는 것이었지만, 가장 핵심적인 이유는 스스로도 꽤 오랜 시간이 지나고 나서야 겨우 깨우칠 수 있었다.

그때 ‘잘나가는 판타지 소설’의 원리를 설명하는 친구의 말을 들으면서, 나는 불현듯 슬픈 기분이 들었던 것 같다. 어째서일까? 따지고 보면 가능성이 있는 선택지였다. 오히려 판타지에 가까운 건 ‘내가 쓰고 싶은 글로 출판 시장에서 밥 벌어먹고 살아보겠다’는 내 생각 아닌가. 요즘 같은 세상에 내가 쓰는 글 따위를 누가 읽겠냐고. 시대착오적이고 길고 우울하며, 근본도 없이 제멋대로인 인간을 어느 누가 작가로 보겠냐고. 하루빨리 장르 소설 지망생이 돼서 미래를 준비하는 게 낫지 않겠느냐고. 그런 생각이 전혀 들지 않았다면 새빨간 거짓말이다.

그럼에도 친구의 제안을 거절했던 이유는, 그야말로 '슬퍼서'였다. 당최 나는 뭐가 그리 슬프단 말인가? 남들은 다 힘들어도 참고 산다. 또 꿋꿋하게 버티며 웃고 산다. 하지만 슬픈 건 어쩔 수 없었다. 모든 게 슬펐다. 당장에 돈 한 푼이 없어 친구의 돈까지 빌려 술을 먹는 내 처지, 그런 날 걱정해서 제안을 해오는 친구의 조언, 또 마찬가지로 못난 내 글이나 그 앞의 보이지 않는 미래며, 소설 속 주인공에게 이입해서라도 이루고 싶은 우리 시대의 꿈과, 그리도 단순한 욕구 때문에 생겨버린 거대한 시장까지. 어느 것 하나 슬프지 않은 게 없었다.

성장에 대한 대리 만족이 판타지 소설에서만 이뤄지는 건 아니다. '성장'이라는 소재는 오늘날에 영화, 드라마, 애니메이션, 웹툰 등 다양한 미디어에서 소비되는 요소다. 〈스타워즈〉, 〈쿵푸팬더〉, 〈라이온킹〉 그리고 〈드래곤볼〉과 〈슬램덩크〉 같은 불후의 명작들에서도 '성장형 주인공'은 쉽게 발견된다. '언더독이었던 주인공이 갖은 노력과 전설적 멘토의 도움을 바탕으로 위대해지는', '비록 시작은 미약할지언정 끝은 창대한' 이야기들. 끊임없이 스스로를 단련하고, 거듭해 다가오는 시련을 극복하는 시나리오들은 콘텐츠를 소비하는 사람들로 하여금 원대한 희망을 가지게 만들 뿐만 아니라 목표를 향해 달려갈 수 있는 원동력이 된다. 그러나 이런 대리 성장형 콘텐츠가 유행하는 이유가 그저 '당장의 현실에서는 희망을 얻을 수 없어서'라고 한다면? 문자 그대로 꿈도 희망도 없는 비극적인 결론일 것 같다.

*

기성세대는 물론, 같은 세대 사이에서도 다수의 사람들이 좀처럼 이해하지 못하는 트렌드가 '먹방'이다. 남이 먹는 방송을 보는 게 뭐가 그리 특별하냐고 생각할 수도 있다. 나도 한때는 그랬다. 다만 그런 콘텐츠들이 유튜브와 각종 스트리밍 플랫폼에서 끝없이 쏟아지는데도 기이할 만치 많은 인기를 끌고 있다는 점은 희한한 일이다. 실제로 해외의 한 유튜브 채널에서는 '유튜브에서 가장 이해 안 되는 현상' 중 하나로 '사람들의 먹방(표기도 한국어 발음 그대로 'Mukbang'

이라고 썼다) 시청'을 꼽았으며, 미국의 주요 언론에서도 다뤄질 정도였으니 나처럼 생각하는 사람도 적진 않은 것 같다.

게임 방송도 그렇다. 지금에서야 대중문화가 돼버린 분야지만, 아직도 많은 부모님 세대들에겐 의아하게 느껴지는 모양이다. 몇 년 전 대학생 신분이었을 당시 몇 달간 논술 과외를 한 적이 있었는데 (정작 난 정시로 대학을 갔다), 고등학생 아들을 둔 어머니가 하루는 날 붙잡곤 이런 말을 했다.

"선생님, 선생님도 게임 많이 하세요?"

"어… 아, 네. 가끔 하죠."

나는 뜬금없는 질문에 좀 당황했다. 내가 뭐 잘못한 게 있나, 두 달 밖에 안 됐는데 날 자르려고 하나, 별안간 온갖 생각이 다 스쳐 지나갔다.

"그런데 그건 왜 물어보세요?"

"아니, 그게… 좀 있으면 애가 고등학교 3학년인데…." 어머니는 주저하는 얼굴로 말을 이었다.

"우리 애는 게임을 직접 막, 아주 오래 하진 않아요. 그런데, 방송 있죠? 다른 사람들이 게임하는 방송. 혹시 보신 적 있으세요?"

"네, 몇 번 TV로 보긴 했었죠. 관심은 별로 없지만요."

"아니, TV로만 보면 제가 말을 안 해요. TV는 물론이고 인터넷으로까지 남이 게임하는 방송을 보더라고요. 그것도 하루 종일."

"아… 무슨 아프리카 같은 거 보는 모양이네요."

"맞아요. 아프리카였던 거 같아요. 아무튼 그걸 계속 보는데. 게임은 그냥 하지 말라고나 할 수 있지…. 애는 그거 틀어놓고 자기는 공부한다, 라디오 같은 거다 이렇게 말하는데. 나는 그런 걸 보는 이유를 모르겠어요. 왜 남이 게임하는 걸 보는 거죠? 본인이 직접 하는 것도 아닌데 말이에요…."

어머니는 한동안 계속해서 푸념을 늘어놓으셨다. 나는 과외가 끝나고도 40분이 더 지나서야 집으로 가는 지하철을 탈 수 있었는데, 조금이나마 어머니에게 도움이 되고 싶은 마음에 이런저런 대안을 생각했던 것 같다. '야, 정신 좀 차려라. 네가 그런 거 볼 때냐?' 같은 말이 소용없다는 것쯤은 알고 있었다. 하지 말라고 해서 안 할 것 같았음 왜 걱정 같은 걸 사서 하시겠냐고. 더군다나 라디오처럼 틀어놓고 공부한다니 말이다. 어쨌거나 그 과외 학생은 게임 방송 보는 걸 바로 끊긴 했는데, 다음 주에 내가 한 일이라곤 학생에게 '지금의 성적으로 갈 수 있는 대학교 목록'을 몇 장 뽑아준 것뿐이었다.

*

그로부터 시간이 꽤 지나고 코엑스에 있는 영화관을 향하던 길이었다. 삼성역에서 코엑스몰로 이어지는 길목에는 커다란 전광판 광고가 쭉 늘어서 있었다. 그쪽 벽면에 있는 거의 모든 광고가 한 아이돌 육성 프로그램의 어떤 후보를 밀어달라고 홍보하는 이미지들이었다. 뭇 아이돌 팬덤의 대단한 추진력이며 실행력을 전혀 모르는 바는 아니었지만… 그 앞에 덕지덕지 붙어있는 포스트잇이며 그 자그마한 종이에 정성껏 채워 넣은 응원 메시지와 편지 같은 것들을 보고 있자니 놀랄 노자였다. 심지어 당시에는 정식 아이돌로 데뷔하지도 않은 친구들이었는데 말이다.

더 놀라운 사실은, 그 모든 홍보 활동을 팬들 스스로 기획하고 집행했다는 것이었다. 누가 시킨 적도 없고, 돈을 주는 것도 아닌데 말이다. 오히려 엄청난

돈과 에너지를 필요로 하는 작업인데도 불구하고. 그 무렵 나는 여러 스타트업에 마케팅 자문 같은 걸 하고 다녔기 때문에, 반사적으로 그 홍보 자료를 만드는 것부터 시작해, 지하철 옥외 광고 견적을 문의하고, 집행할 예산을 재설정하고, 문서화하여 내부적으로 공유한 뒤 모니터링하는 작업까지 머릿속으로 그린 뒤 견적을 내봤다. 굉장히 번잡한 작업일 뿐만 아니라 인건비만 쳐도 한 달에 500만 원은 있어야 될 것 같았다. 더구나 홍보 콘텐츠에 그토록 애정을 담은 텍스트며 느낌을 구현하는 일은 돈을 아무리 많이 준다고 한들 해내기 어렵다.

이 같은 현상들이 정상이냐 비정상이냐 따지는 것만큼 무의미한 짓도 없을 것이다. 이미 한참 뜨겁게 일어나고 있는 일들이고, 웬만하면 앞으로도 계속 일어날 일들이니까. 누군가에겐 소중한 문화생활이고 일상의 일부인 것을 사회적 폐단이네 시간 낭비네 함부로 말하는 것도 무례한 법이다. 스스로 원해서 하는 일이고 하면서 행복하다면 누가 상관할 바도 아니다. 범법도 아닐뿐더러 비윤리적이라 할 수도 없다.

다만 같은 시대를 살고 있는 같은 세대의 일원으

로서, 이러한 상황이 만들어진 배경이 다소 안타깝다는 것쯤을 이야기하고 싶다. 왜냐하면, 어떤 면에서 우리는 '욕망할 수 있는 것의 범위' 자체를 제한받았기 때문이다. 부모님 세대는 끊임없이 성장하고, 모험하고, 극복하고, 달성하고, 성취하고 싶어 하는 아이들을 방 안에 몰아넣었다. 꼼짝없이 갇혀버린 방 안에는 기껏해야 침침한 전등과 책걸상, 지루하고 따분한 교과서, 참고서와 문제집, 컴퓨터 그리고 스마트폰뿐이다. 우리 세대가 마음을 쏟을 수 있는 여가 생활이나 취미가 거기서 거기인 데는 제법 그럴듯한 원인이 있다.

부모님 세대가 자식 세대를 학교와 학원, 그리고 자기 방으로 몰아넣은 데는 나름 이유가 있을 것이다. 당신이 겪었던 상처를 대물림하고 싶지 않은 마음이나, 각박한 세상에 던져지기 전 만반의 준비를 시켜두고 싶었다는 것쯤은 우리도 알고 있다. 공부 아닌 엄한 곳에 신경 쓰지 말라고, 혹시 삐딱선이라도 타서 나중에 후회하지 말라고 그랬던 거겠지. 그러나 우리에게도 도망치고 숨 쉴 곳은 필요하다. 부모님으로부터 받는 기대와 압박, 인간관계에서 받는 스트레스, 생각처럼 되지 않는 현실로부터 떠날 수 있는 곳이 정말 간절하다. 소싯적 당신들 역시 그랬던 것처럼.

그렇게 방구석 코너로 몰린 자녀들이다. 애초부터 도망칠 곳이라곤 화면 속밖에 없다. 화면 속에는 늘 눈에 띄는 변화와 성취가 있다. 게임에선 경험치와 레벨이 오르고, 새로운 아이템과 퀘스트를 얻는다. 유튜브에선 끼 있는 스트리머가 나와 똑같은 게임을 하면서, 시청자인 날 위해 시시각각으로 성장하는 콘텐츠를 제공한다. 내가 응원하는 아이돌의 순위가 오르고 데뷔에 성공하여, 큰 규모의 콘서트와 광고에 등장하고, 그런 위대한 업적의 일부에 내가 있는 것 같은 성취감을 얻는다. 노력해봤자 거의 보이지도 않고, 잡히지도 않으면서, 내 기대와 다르게만 움직이는 현실과는 정반대인 것들 뿐이다.

기성세대는 그런 우리에게 '중독'이라고, '비윤리적'이라고 말한다. '충동적'이고 '소비적'이며 '지나칠 정도로 자극에 취약하다'고 했다. 그런 말들로 한 번 운을 떼고 나면, 이윽고 우리에게 도망칠 곳 또는 위안이 되는 대부분의 것들의 싹을 잘라버린다. 밤늦게 게임을 못하게 한답시고 자정 이후 접속을 막아버렸고, 도저히 납득되지 않는 이유를 들며 '유해 콘텐츠'

라는 딱지를 붙였다. 야간 자율 학습은 밤늦게까지 시키면서, 10시 이후에는 아무 데도 드나들지 못하게 만들었다. 어떻게든 다른 방법으로 달아나자면 '근성도 없고 나약하다', '가면 갈수록 구제불능이다', '나라의 미래가 걱정된다'는 말들을 퍼부었다.

기성세대의 말처럼 우리가 정말 형편없는 자식 세대로 자랐다고 하면, 지금의 대한민국을 만든 당신들에게도 전혀 책임이 없다곤 할 수 없을 것이다. '나처럼만 살지 말라'는 말이 진심이었다면, 다르게 꿈꿀 수 있는 선택지라도 몇 가지 던져 줬어야 했다. 우리라고 방 안에서 화면만 쳐다보고 싶은 건 아니었는데. 스스로 바라는 꿈도, 본받을 만한 어른도 찾지 못했을 뿐인데.

미안해요,
세상에 미워할 사람이
부모님뿐이라서

"요즘 젊은이들은 어른 공경할 줄 모른다니까." 할아버지는 내가 양보한 자리에 몸을 내려놓기 무섭게 말을 꺼냈다. 버스는 만원이었다.

"하여간 고맙네. 자네처럼 자세가 된 젊은이가 잘 돼야 하는데."

"아, 아닙니다." 나는 당황했다. 마침 버스는 사람을 한가득 태우고 사거리 횡단보도 앞에 정차해 있었다. 창밖에는 날이 쾌청한 반면 버스 내부는 도서관처럼 조용했다. 그런 가운데 할아버지는 쓰고 있던 중절모를 벗어 들면서, 모두에게 들으라는 듯이 큰 소리로 나를 칭찬하셨던 것이다. 백발의 노인치고 목소리는 또 얼마나 걸걸하고 컸는지 버스 맨 뒷자리에 앉은 사람도 들었을 것이다.

"아니긴 뭐가 아니야." 할아버지는 날 보지도 않고 말씀하셨다. 민망해진 나는 황급히 읽던 책을 꺼내 들었으나 '웃어른이 말씀하시는데 무시하고 책을 읽어도 될 일인가' 하는 딜레마에 빠져 안절부절못하고 있었다.

"내가 요 지팡이 짚고 여기 중간까지 오는데, 아무도 자리를 안 비켜줬단 말이야. 자네는 딱 보자마자 일어섰고. 이게 참 얄궂다니까.”

“아… 하하….” 얼굴이 빨갛게 달아오른 상태로 어색한 웃음을 지었다. 어떻게 반응해야 할지 꽤나 난감했다.

“젊은이들, 이런 거 보고 본 좀 받으라고. 학교에서 공부만 가르치면 뭐하나. 선생들이 인성 교육도 시켜야 선생이지. 이건 뭐….”

할아버지는 버스가 출발하기 전까지 계속해서 말을 이어 나갔다. 그때 그 버스 안의 다른 ‘젊은이들’이 날 어떻게 여겼을지는 모르겠다. 속으로 불쌍하다고 생각했을까, 아니면 혼자 착한 척한다고 느꼈을까? 음, 난 그저 노약자석이라 비켜준 것뿐이었는데….

때때로 나는 기성세대가 우리 젊은 세대들을 ‘어른을 존경할 줄 모르는 놈들’, ‘기본적인 예의가 없고 제멋대로 행동하는 젊은것들’쯤으로 확정해놓은 것 아닌가, 하는 느낌을 받곤 한다. 예의라는 게 사람과 상황에 따라 조금씩 바뀌는 것이긴 하지만…. 가끔은 기본적인 기대치 자체가 너무 낮아서, 굉장히 사소한 배려에 크게 놀라는 어른들을 보면 씁쓸할 때가 있다.

몇 달 전, 뜻하지 않게 백화점에 갔다가 화장실을 들렀을 때였다. 백화점에 있는 화장실은 넓고 고급스러웠지만 대체로 사람은 별로 없다. 그때도 남자 화장실은 나 혼자 쓰고 있었다. 전구색 불빛이 켜진 내부 천장에는 자그마한 스피커 같은 게 있어서, 모차르트인지 뭔지가 들릴 듯 말 듯 흘러나왔다. 나는 느긋하게 볼 일을 마치고 나오다가, 때마침 청소하러 들어오신 아주머니를 마주쳤다.

"아이고!" 아주머니는 무슨 귀신이라도 본 것처럼 놀랐다. 하필이면 내가 화장실 맨 안쪽 구석에 있어서 인기척을 못 느끼셨던 모양이다.

"아유, 미안해요. 사람이 있는 줄 몰랐네. 얼른 나갈게요."

"아니에요, 제가 죄송합니다. 전 괜찮으니까 신경 쓰지 마시고 하세요." 내가 말했다.

"아유, 미안해라…." 그러자 아주머니는 숨을 고르면서 바닥을 밀대로 쓱쓱 문질러 닦고, 가져온 카트에서 핸드 타월을 꺼내 케이스에 채워 넣었다.

"늘 수고 많으십니다." 난 방금 채워진 핸드 타월을 한 장 뽑으며 말을 건넸다.

"밖에는 날씨가 덥더라고요. 그래도 여기는 좀 낫네요. 아주머니 덕분에 화장실 깨끗하게 잘 썼어요. 감사합니다."

아주머니는 손을 닦고 있던 내 바로 옆에 서 계셨다. 그럼에도 휘둥그레 뜬 눈으로 날 쳐다보시면서 '지금 나한테 이야기한 건가?' 하는 표정을 지어 보이는 것이다. 나는 얇게 미소 지어 보였다.

"아휴, 수고하기는. 학생이 공부하느라 더 수고가 많지! 호호. 그래도 고마워요. 이 일 하면서 감사하다는 말을 다 들어보네. 참! 날씨가 많이 덥죠. 나도 여기서 일 안 했으면 쪄 죽을 뻔했다니까. 백화점에서 일하는 게 그래도 백 배 천 배 낫지. 전에는 학교에서 일을 했었는데, 거긴 더울 때 덥고 추울 때 추워서 말도 아니었다니까…. 하여튼 젊으신데 인사성도 바르고 참 보기 좋아요. 복 많이 받으시고."

"네, 어머니도 복 많이 받으세요." 급작스럽게 대화가 길어지는 분위기여서, 나는 좀 머뭇거리며 대답했다. 어색할 때마다 귀 뒤쪽 머리를 긁적대는 습관이 나왔다.

"어머니? 호호, 학생이 말을 참 예쁘게 잘하네.

우리 아들도 딱 학생 비슷한 나이인데, 성격이 되바라져가지고. 공부도 잘 안 하면서 또 얼마나 예민한지. 우리 남편 닮아가지고 미워 죽겠다니까? 학생처럼 붙임성 있고 예의도 바르면 얼마나 좋겠어."

나는 잠시 후에 화장실을 빠져나왔다. 너무 즐겁게 이야기하시는 통에 말을 끊기가 쉽지 않았다. 오랫동안 그런 일상적 대화에 갈증을 느끼고 계셨다는 느낌을 받았다. 하기야 혼자 백화점을 돌아다니며 이곳저곳을 청소하는데 이야기를 하실 만한 상황이 그리 많지도 않았을 것이다. 더욱이 아들이 방에만 있다면 아들뻘되는 청년이랑 이야기를 주고받을 상황은 흔치 않았을 텐데. 바쁘지 않았다면 더 많은 이야기를 들어볼 걸 그랬다는 생각이 들었다.

그 후로 종종 아주머니와의 대화를 떠올렸다. 만약 내가 아주머니였다면, 청소 일을 하면서 아들을 부양하는 상황이었다면, 나는 어디에 뭘 어떻게 표현하며 살 수 있을까, 하는 생각에 빠져들었다. 내가 백화점에서 청소하는 일을 한다면 어떨까? 일단 새벽녘에 집에서 출발해 아주 이른 아침부터 출근해야 할 것 같다. 손님은 물론 직원들이 도착하기 전에 청소를 해놓아야 할 테니까. 엘리베이터 옆쪽으로 나 있는 자그마한 문 또는 층계참에 보일러실 입구 같은 곳을 열고 들어가서, 옷을 갈아입고 필요한 청소 도구를 챙겨 나오겠지. 그렇게 아침 청소를 끝내고 매장이 문을 열면, 그사이 더러워진 곳은 없는지 각층의 화장실이며 엘리베이터 로비 등을 둘러보지 않을까. 그러다 루이비통이나 샤넬 같은 명품 매장 주변도 지나갈 것이다. 그때의 기분은 어떨까?

청소라는 건 원래 어려운 일이다. 사람들은 깨끗한 것보다 지저분한 상태를 훨씬 빠르게 알아차린다. 잘해봐야 본전, 못하면 근무 태도며 성실함을 지적받는다. 나보다 어린 매장 관리인 또는 하청업체 관계자에게 혼도 나겠지. 그렇게 고된 시간을 마무리하고, 퇴근한 뒤 집에 돌아가면 거실 전등만 덩그러니 켜져 있고 방문이란 방문은 모두 닫혀있을 것이다. 입시 또는 취업 준비에 한창인 아들이 방에 있을까? 혹시 방해나 되지 않을까 혹은 트러블이 생기지 않을까 자신도 모르게 조용하게 이동할 것이다. 저녁을 차리면서 또 생각하겠지. '밥은 잘 챙겨 먹었어야 할 텐데' 하고.

인정한다. 90년대생 대부분은 부모님 세대를 무시한 적이 있다. 어떤 형태로든 무시한 적이 없다면 거짓말이다. 나만 해도 그랬다. 부모님이 무슨 말을 해도 듣지 않았다. 어느 시점부터 내게 있어 엄마는 보잘것없고 나에게 도움이 되지 않는 사람이 돼 있었으니까. 상업고등학교를 겨우 졸업한 걸 자랑인 것처럼 이야기하면서, 글 몇 자를 써도 맞춤법이 맞질 않고, 아주 기본적인 영단어도 모르는 경우가 많았다. 컴퓨터도, 휴대폰도 만질 줄 몰라서 내가 대신해줘야 했다. 제대로 공부해본 적도 없으면서 내 성적표에 이런저런 토를 달았다.

싫었다. 고등학교를 졸업할 즈음엔 엄마뿐만 아니라 주위에 있는 거의 모든 어른들이 싫었다. 왜 인생을 그렇게 밖에 살지 않는지 이해가 되지 않았다. 보람이 있나? 내가 과연 배울 게 있기는 한건가? 나이가 많다고 꼭 존경하고 우러러볼 필요가 있나?

'공부를 못하면 나중에 사회에 나가서 무시당하는 법이야', '성공하려면 공부를 잘해서 명문대에 진학해야지', '가방끈이 짧은 사람은 어딜 가도 제대로

된 대우를 못 받아', '배운 게 없으면 무식하게 몸 쓰는 일을 하게 되는 거야' 등.

우리 세대가 부모님에게 흔히 들어온 말들이다. 부모님 세대는 고등교육을 받지 못함으로써 국한되는 삶의 한계, 공공연한 차별 그리고 스스로 키워온 콤플렉스를 경험하면서, 공부의 중요성을 누구보다 잘 알고 있다. 덕분에 우리는 '어릴 때 열심히 공부하는 게 얼마나 중요한 일인지'를 지겨울 만큼 들으며 자랐다. 그래서 대부분이 고등학교를 졸업하고, 또 그중에 대다수는 부모들이 그토록 바라던 대학에도 진학했다.

그런데 우리는 단순히 '살아가는 데 있어 공부가 중요하다' 이외에 다른 사실도 함께 배웠다. '공부를 잘하는 사람과 못하는 사람 사이에도 일종의 계급이 있다'는 것이다. 나보다 학력이 낮거나 배운 게 적은 사람들은 얼마든지 내 아래로 보아도 괜찮단 말인가? 그게 정말이라면, 그 기준에 가장 잘 들어맞는 건 대부분의 경우 부모님일 것이다. 날 공부시키고자 일찍이 그런 현실을 말해준 장본인 말이다.

우리를 키운 부모님 대부분은 우리 세대에 비해 공부를 많이, 잘하지 못했다. 기성세대가 성장할 무렵 우리나라의 교육 수준은 지금만 하지 않았고, 따라서 기회도 무척 제한적이었으니까. 배운 게 없으면 대부분 공장에 가야 했고, 먼 외국까지 가서 광부로, 간호사로, 또는 군인으로서 외화를 벌어왔다. 쉽지 않은 일들에 많은 사람들이 다치기까지 했다. 그런 모습들을 보며 어떤 생각을 했을까. 적어도 나는 '내 자식만큼은 이토록 처절하게 살지 않게끔 할 거야' 같은 생각을 했을 것 같다. 어쩜 당신들에게 우리 세대란 '그렇게라도 해서 지키고 싶었던 존재'일지 모른다.

지금도 어른들은 그렇다. 공부가 얼마나 중요한지는 쉽게 말하지만, 사랑하는 존재를 책임지는 것이 얼마나 대단한 일인지는 거의 입 밖에 내지 않는다. 자식 세대에게 생색을 내고 싶지 않았던 건지, 과한 부담을 주고 싶지 않았던 건지, 무슨 생각이었는지는 모르겠지만. 덕분에 우리는 어른이 되고 사회에 나오고 나서야 겨우 깨닫게 된다. 비록 미적분이나 영문법을 배우는 것보다 덜 고상했을지언정, 부모님 세대의 삶은 그보다 위대한 희생을 증명해왔다는 것을.

어떤 어른들은 '요즘 20대들은 우리 세대가 이

뤄놓은 것들을 받아서 쓸 줄만 알지, 제대로 할 줄 아는 거라곤 하나도 없다'고 주장한다. 자기 방이나 PC방에 처박혀서 게임이나 하면서 시간을 때우고, 밥 한 끼 가격의 커피와 케이크를 간식으로 먹으면서, 좀처럼 취직할 생각도 없어 보이거니와 어렵사리 회사에 들어가도 얼마 버티지 못하고 포기해버리니까. 그런 생각이 들 법도 하다.

맞는 말이다. 우리라고 왜 모르겠는가? 90년대에 태어난 많은 청년들은 지금 이 순간에도 부모님 집에서, 부모님이 해준 밥을 먹으며, 부모님이 준 용돈으로 생활한다. 영락없는 기생충이다. 다 커서 내가 대체 뭘 하고 있는 건지. 내가 정말 원하는 게 뭔지. 스스로에게 묻는 것도 지쳐서 푹 주저앉은 지 제법 됐다. 노는 게 미안해서 한동안 발악해보다가도, 어느 날 갑자기 '겨우 이런 일이나 하려고 그 고생을 했나?' 하는 생각에 힘이 쭉 빠진다. 당신들의 실망한 표정이며 좌절된 기대 같은 것들을 우리라고 왜 모르겠는가.

'한량백수', '등골브레이커'에서 최근의 '방구석 여포'까지. 성인 주제에 번듯한 직업도 없고, 부모님 세대에 빌붙어 사는 우리들에게 자조적으로 붙인 별명들이다. 웃긴 일이다. 당신들이 그렇게 원하던 공부를 나름 해봤다. 못 간 게 한이라던 대학물도 좀 먹어봤다. 그런데 공부도, 대학 졸업장도 이제는 특별한 게 아닌 세상이다. 학점을 따고 스펙을 쌓아도 그 안에서 우열이 나뉘고, 합격자와 비합격자로 구분된다. 잘못된 건 공부를 안 해서 성공 못했다는 당신이 아니라, 공부를 해도 얼마든지 실패할 수 있는 세상이라는 걸 뒤늦게 알아버렸다.

집 밖에는 온통 나보다 더 배운 사람투성이다. 나보다 더 좋은 성적, 나보다 더 높은 학벌, 그래서 나보다 더 많은 기회와 연봉을 가진…. 그렇게 생각지 못한 패배를 거듭하다가 집에 돌아오면, 당신들은 도통 알 수 없는 태도를 보이곤 한다. 나는 나름 배운 사람인데. 그동안 받은 기대와 희생쯤이야 금방 되갚아주고도 남을 줄 알았는데. 이토록 확실한 패배는 상상해본 적이 없는데. 거기다 대고 당신들은 어설픈 위로를 한다. 우리는 그걸 견딜 수 없어 버럭 소리를 지르고 방구석에 틀어박힌다. 그래도 울진 않는다. 우는 건 한심하고 나약한 거니까. 별 수 없이 컴퓨터를 켜고 도망칠 곳 또는 욕할 거리들을 찾아다닌다. '이생망(이번 생은 망했다)'이라고 스스로 비웃으면서.

*

우리가 배워야 할 건 언제나 집 밖에 있었다. 부모는 나와 닮았지만 닮아가면 안 되는 존재들이었다. 당신들과 다른 삶, 무시당하지 않고 차별받지 않는 삶, 떳떳하게 어깨를 펴고 살 수 있는 삶을 우리는 살고 싶었다. 그렇게 해서 꼭 증명하고 싶었다. 당신들의 고단한 삶이며 처절했던 시간들이 결코 헛되지 않았다는 걸. 부족했던 건 재능이나 노력이 아니라 그저 기회였을 뿐이라고 말해주려고 했다. 그런 희망으로 스무 해를 훌쩍 넘겨놓고, 이제 와서 어떻게 말할 수 있나? '저는 당신들의 희생에 보답할 수 있을 만큼 대단한 아이가 아니었어요. 어른이 되고 보니 천재도 영재도 수재도 아니었고, 그저 남들과 똑같은 공부에 똑같은 학교나 졸업한 별 볼 일 없는 자식이었죠. 죄송합니다'라고.

우리는 알고 있다. 피 튀기는 경쟁의 승자가 돼봤

자 부모님 세대에게 보답하기는커녕, 나 하나 먹고살기도 버거운 현실이다. 패배감을 지속적으로 학습한 우리는 나날이 방구석과 이불속으로 숨어들다가, 고작 아르바이트 면접에도 긴장해 말을 더듬는다. 사소한 일에도 무너지고 실패하는 자신을 견디기 힘들다. 내가 무시할 수 있는 게 나보다 아는 것이 적은 부모님뿐이지만, 그런 부모님께 좌절한 내 모습은 보여주기 싫어서, 그래서 '못 하는 게 아니라 안 하는 척' 하며 허송세월이나 하는 것 같다.

'우리 아빠가 강남에 건물 몇 채만 갖고 있었어도 이러진 않았을 텐데', '나도 조기 유학 보내주고 비싼 과외시켜주는 엄마가 있었으면 달랐을 텐데'라는 헛소리도 하지만, 말하는 스스로가 누구보다 잘 알고 있다. 당신들의 희생과 기대를 듬뿍 받으며 자란 자기 자신만큼은 미워할 수 없어서 하는 말이라는 걸. 세상에 가장 편하게 미워할 수 있는 게 당신뿐이라는 걸.

지나간 세월을
돌려드릴 순 없어요.
그래도

"배워라. 글을 배워라… 지식만 있으면 누구나 양반이 되고 잘살 수가 있다."

이러한 정열의 외침이 방방곡곡에서 소스라쳐 일어났다.

신문과 잡지가 붓이 닳도록 향학열을 고취하고 피가 끓는 지사(志士)들이 향촌으로 돌아다니며 삼촌의 혀를 놀려 권학(勸學)을 부르짖었다.

"배워라. 배워야 한다. 상놈도 배우면 양반이 된다."

"가르쳐라. 논밭을 팔고 집을 팔아서라도 가르쳐라. 그나마도 못 하면 고학이라도 해야 한다."

(중략)

인텔리… 인텔리 중에도 아무런 손끝의 기술이 없이 대학이나 전문학교의 졸업 증서 한 장을, 또는 그 조그마한 보통 상식을 가진 직업 없는 인텔리… 해마다 천여 명씩 늘어가는 인텔리… 뱀을 본 것은 이들 인텔리다.

부르주아지의 모든 기관이 포화 상태가 되어 더

수요가 아니 되니 그들은 결국 꼬임을 받아 나무에 올라갔다가 흔들리는 셈이다. 개밥의 도토리다.

인텔리가 아니 되었으면 차라리 …(원문 7~8자 탈락)… 노동자가 되었을 것인데 인텔리인지라 그 속에는 들어갔다가도 도로 달아나오는 것이 구십구 퍼센트다. 그 나머지는 모두 어깨가 축 처진 무직 인텔리요, 무기력한 문화 예비군 속에서 푸른 한숨만 쉬는 초상집의 주인 없는 개들이다. 레디메이드 인생이다.

- 채만식, 《레디메이드 인생》(1934)

*

희망은 좋은 것이다(Hope is good thing).

영화 〈쇼생크 탈출〉에서 나오는 유명한 대사다. 말 그대로 희망은 좋은 걸 넘어서 우리가 살아가는 이유다. 시간 앞에서 인간이 가진 무기라곤 '지금보다 나은 미래' 밖에는 없다. 그게 합격이든, 졸업이든, 취직이든, 승진이든, 당첨이든, 결혼이든, 재산이든, 명예든. 크기와 형태에서 차이가 있을 뿐, 모든 사람은 희망을 갖고 삶을 이어나간다. 몸이 감옥에 갇혀 있을

지라도 말이다.

지나간 시대에는 희망이 있었다. 부모님 세대는 스스로를 '가진 것 하나 없던 시절'이라 말하곤 하지만, 내 생각은 좀 다르다. 희망을 가졌다는 건 곧 모든 걸 가진 것이나 다름없으니까. 당신들은 무슨 일을, 어떻게, 왜 하는지 알고 있었다. 만들어나갈 것과 지켜나갈 것들이 선명해서, 시련이 닥쳐도 기어코 극복해낼 거라고 외칠 수 있었다. 그럴듯한 기반은 없었지만 잃을 것도 많지 않았다. 하나둘씩 제 손으로 성취해나가는 것을 두 눈으로 확인할 수 있었다. 사소한 일 하나조차 갈팡질팡하며, 그나마 주어진 길도 못 찾는 우리와는 많이 달랐다.

우리는 이미 지어진 집에서 태어나서, 만들어진 음식을 먹고, 금방 완성된 도로를 따라 걸어왔다. 우리는 더 이상 할 필요 없는 일 말고, 더 대단하고 거창한 업적들을 당신들 대신 이뤄내야 한다고 믿었다. 부모님 세대는 나무로 집을 지어 올렸지만, 우리는 그 집을 더 높게 쌓아 올리는 일을 떠맡은 셈이다. 야트막한 숲 하나 없는 도시 복판에서 더 이상의 나무를 쓰지 않고 위로 향해야 했다. 그런 압박감이며 의무감이 이제는 우리를 쓰러지기 일보 직전의 젠가처럼 만들어버렸다.

나는 묻고 싶다. 당신들의 시대가 그렇게 가진 게 없고 고달팠던 시절이며, 그에 비해 우리가 너무도 풍족하고 행복한 시대에 태어나 살고 있다면, 이렇게 황홀한 현실을 두고 추억에 잠기는 이유는 대체 무엇이냐고. 우리가 정말 불평불만 할 것 없는 여유로운 세상에 태어났다면, 그런 우리와 함께 살고 있는 당신들은 왜 이따금 지금이 쓸쓸하고 불행하다 말하느냐고. 고단하기 짝이 없었던 그 시대의 풍경이며 보잘것없는 음식, 사람들의 옷차림, 도심의 키 작고 낡은 건물들과 털털거리며 앞으로 나가는 구식 자동차들, 금방 나타나는 교외의 논밭과 거름 냄새 따위를 유영하며 슬퍼하느냐고.

영원히 성장하기만 하는 존재는 없다. 그 어떤 동식물, 조직, 집단, 도시, 사회, 국가도 유년기와 성장기가 거쳐 황혼에 이르고, 언젠가는 종말을 맞는다. 우주라는 것이 교과서에서 배운 대로 굴러간다면 분명 그럴 것이다. 끊임없이 늘기만 할 것 같은 인구도 어느 선에 멈춰 유지될 것이며, 그렇게 중요시했던 GDP며 경제성장률 역시— 어떤 거대한 이벤트가 없다는 가정하에— 끊임없이 0을 향해 갈 것이다. 계속 클 것 같던 키도 성장판이 닫히면 멈춰 서듯이. 활화산 같던 열정도 시간이 지나면 완숙한 바위로 굳어 가듯이.

부모님 세대는 쌀밥 한 그릇으로도 행복할 수 있었던 시대와, 값비싼 케이크로도 공허할 뿐인 시대를 모두 겪고 있다. 또 우리는 유치한 만화 한 편으로도 행복했던 시대를 지나, 쏟아지는 유튜브 영상 속에서도 외롭기만 한 시대를 마주하고 있다. 그 밖에 모든 사람들도 그렇다. 어릴 땐 하루빨리 어른이 되길 바랐으면서, 막상 어른이 되고 나선 너무 빠른 시간 때문에 마음을 졸인다. 마냥 궁금하고 신비로웠던 세상은 온데간데없고, 알면 알수록 우울하고 외면하고 싶은 세계만이 팽창하길 반복한다. 세상일이라는 게 원래 그럴지언정 슬픈 건 슬픈 것이다. 반대로 이런 당연한 현상들에 슬픔을 느끼는 것은, 비단 당신들뿐만 아니라 우리도 함께 느끼고 있는 감정이다.

같은 시대를 살아가는 동료로서, 당신과 우리가 받아들여야 하는 사실이 있다. 반짝이는 꿈과 무한한 가능성이 있었던 어린 시대를 지나, 이제는 꼼짝없이 어른이 됐다는 사실 말이다. 어릴 적 즐겨 부르던 만화 주제가를 흥얼거려봤자 우리에게 그 여름방학은 두 번 다시 오지 않는다. 7080 클럽에서 〈Harlem Desire〉나 〈Take on me〉 같은 노래를 틀어봐도 되돌아오지 않는 시절이 있는 것처럼. 어른이 된다는 건 그간 행복을 느끼던 것들로부터 더이상 행복해할 수 없고, 슬픔을 느낄 수 없던 것들로부터 어느덧 슬퍼하게 되는 과정이므로.

우리도 우리가 언제까지나 어릴 줄로만 알았다. 나는 2002년 월드컵을 보며 2018년쯤엔 월드컵 우승도 해볼 수 있겠다 생각했고, 이듬해 화성에 새로운 로봇탐사선을 쏴 올렸다는 뉴스를 보면서 2020년엔 우주여행도 가능하리라 믿었다. 지긋지긋한 야간 자율학습은 영원히 끝나지 않을 것만 같았으며, 자정이 다 돼 집으로 돌아가는 골목이며 침침한 주황색 가로등까지 내게 익숙했던 풍경이 달라질 거라 상상해본

적 없었다. 시간이 흘러 어느덧 꿈속의 미래에 다다랐지만, 세상은 길어봐야 가로 6~7인치인 디스플레이에 갇혔다. 이따금 아름다운 걸 마주할 때면 감동보다 카메라 앱이 먼저 켜진다. 정신 차려보니 우리의 추억은 과거의 몇 배나 되는 가격표가 붙은 채 매대에 올라와 있다.

우리는 우리 시대 변화 속도처럼 너무 빨리 어른이 되고 말았다. 몸은 다 컸지만 바뀐 건 들고 다니는 물건들뿐이다. 그동안 휴대폰은 지나치게 스마트해졌고, 덕분에 우리는 좀 멍청해도 사는데 별 지장이 없게 됐다. 복잡한 돈 계산도, 필기구로 꾹꾹 눌러 썼던 편지도, 지구 반대편에 있는 친구를 만나는 것도, 손가락 몇 번 튕기면 언제든지 가능해졌다. 다만 그 대단한 스마트폰조차 시간을 되돌리는 법만큼은 알려주지 않는 모양이다. 폰이 아무리 똑똑해봤자 뒤로 갈 수는 없기 때문에, 우리의 선택지는 좋든 싫든 '앞으로 전진' 하나다.

우리가 돌아갈 곳이 어디였는지 모르겠다. 우리들의 유년 시절에는 분명 그리운 냄새가 났던 것 같은

데. 그 냄새를 맡을 수 있는 것들은 하나둘 사라지기 시작해서 대부분 자취를 감췄다. 외할머니는 돌아가셨고, 함께 덮고 자던 나비 무늬 비단 이불은 어디론가 사라져버렸고, 오래된 쇠문이 삐걱거리던 곳엔 할머니가 살던 집 대신 커다란 아파트 단지가 들어섰다. 주위의 모든 것이 너무나 빠르게 지나쳐 사라져간다. 어느 날에는 어느 정도의 과거까지를 추억이라 부를 수 있을지 고민해야 한다.

너무 많은 것들이 변했다. 당신들은 우리가 익숙한 줄로만 알지만, 그런 우리도 여전히 적응하기 바쁘다. 사람 마음이나 인간관계에는 기출 문제가 없다. 준비가 채 되지 않은 상태에서 변화무쌍한 일들이 소나기처럼 쏟아져 내린다. 모던한 카페식 회의실과 명절날 할머니 안방에 따로 적응해야 한다. 어제 잡채와 뻥튀기를 먹었어도 오늘은 마라샹궈와 훠냥시에에 맛을 들여야 한다. 가끔씩은 우리 세대도 그리움을 느끼는데, 정확하게 뭘 그리워하고 있는지 헷갈릴 때가 많다. 우리의 정신은 아날로그 시대와 디지털 시대의 양극단에 묶였다. 시간이 흐를수록 길게 가늘어지고, 언제 툭 끊겨 날아가 버릴지 매일이 위태위태하다. 7080과 00년 사이에 태어난 우리는 얼떨결에 아날로그로도, 디지털로도 번역할 수 없는 인간이 돼버렸는지 모를 일이다.

태어난 게
잘못이 될 순
없는 거니까

어제는 집 앞에 있는 할인 마트에 갔었다. 음원 차트에 올라있는 케이팝이며 요란한 힙합 곡들이 매장 곳곳에서 울렸다. 그동안 재고 상자를 옮기는 목장갑을 낀 아저씨들과 손목 보호대를 찬 계산원 아주머니들이 불규칙적으로 교차해 지나갔다. 요즘 시대의 리듬이며 멜로디는 전혀 들리지도 않고, 아랑곳할 생각도 없다는 것처럼 보였다. 바로 앞 매대에선 인스턴트 닭강정이 2팩 합쳐 1만 2,900원이었다. 어제 팔다 남은 걸 떨이로 처분하는 모양이었다. 하긴 상해서 버리는 것보단 저렴하게라도 파는 게 이득인 건 명백하니까. 마트 안쪽에는 손질된 닭들이 비닐에 싸여 늘어선 행렬을 이루고 있었다. 내 손바닥만 한 크기의 생닭 한 마리가 6,000원이었다. 6,000원….

그 시절 나는 키위가 그려진 작은 지갑을 들고 다녔다. 문방구에서 3,000원에 팔던 것을 엄마에게 조르고 졸라 산 것이었다. 지갑에는 돈이 가장 많을 때 5,000원, 평균적으로는 1,000원 내지 2,000원 정도가 들어 있었다. 그런 돈으로도 나는 무척 든든한 기분으로 중학교 정문을 빠져나오곤 했다. 학교 앞 분식집에서 새카만 기름에 튀겨 나온 500원짜리 감자튀김, 메추리알 들어간 컵 떡볶이를 나란히 사들고 걸으면 돈이 반쯤 남았다. 친구들이 집이며 학원으로 버스를 타고 떠나면, 나는 신발주머니를 질질 끌면서 임대 아파트가 있는 비탈길을 30분 정도 걸어 올랐다. 집에 가면 엄마는 자고 있었다. 나는 발을 씻은 뒤 라면을 끓여먹거나 보리차에 밥을 말아먹으며 저녁을 보냈다.

더 거슬러 올라가 아홉 살 때는, 외할머니에게 받은 500원짜리를 들고 문방구 앞으로 가면 왕이라도 된 기분이었다. 난 가장 먼저 100원짜리 아이스크림 하나를 사서 입에 물었다. 그리고 목숨 하나에 100원 하는 게임을 끝판까지 가뿐히 깨고 나오면 무척 상쾌했다. 그런 다음엔 동네 이곳저곳을 탐험하듯 쏘다니다 보면 낡은 아파트 단지 앞에 다다랐다. 길 건너편으로 초등학교 담벼락이 보이고, 어수선한 횡단보도를 건너 더 들어가면 구멍가게 옆에 놓인 초록색 그물망 안에 트램펄린(주위에선 '방방'이라는데 우리 동네는 '봉봉'이라 불렀다)이 보였다. 200원을 내면 30분을 뛰어놀 수 있었는데, 나는 100원을 내고 10분만 놀게 해달라고 아주머니께 부탁하곤 했다. 그러면 아주머니는 잔뜩 못마땅한 표정으로 걸어 나와서, 팍 하고 문을 열어 나를 들여보내줬다.

뉘엿뉘엿 해가 넘어가던 초저녁에는, 약속이나 한 것처럼 학교 운동장에 또래 친구들이 모여들었다. 나는 거기 어울려 얼마쯤 뛰어놀다가 신발 앞축에 모래가 잔뜩 껴선 학교 밖으로 나왔다. 정확히 그때 '삑, 삐약' 하는 소리가 아스라이 들려왔던 날을 기억한다. 반사적으로 고개를 돌린 길가에 한 아저씨가 쭈그려 앉아 있는 모습이 보였다. 삑삑하는 소리는 그 아저씨 앞에 놓인 종이 상자에서 나는 것이었다.

"300원이야, 한 마리에."

병아리 아저씨는 내가 상자에 가까이 가자 무심하게 말했다. 지금 생각해보니 '안 살 거면 그냥 가라'는 방어적 뉘앙스였다.

"와아!" 나는 딱 그 나이 때 어린아이가 놀라는 소리를 냈다. 닭고기야 더러 먹어봤어도 병아리를 눈으로 본 건 그때가 처음이었다. 여느 초등학교와 달리 내가 다니던 학교 주변엔 이상하리만큼 병아리 장수가 보이지 않았기 때문이다. 가끔 왔다는 소식을 듣고 뛰어가보면 이미 어디론가 가고 없는 일이 부지기수였다. 그런 면에서 그때 그 상황은 뜻밖의 행운이기도 했다.

"밥도 잘 주고, 집에서 잘 키우면 쑥쑥 자라서 닭이 돼."

"닭이요? 통닭?" 내가 짐짓 놀라 되물었다.

"어, 그래. 통닭. 그런데 넌 그렇게 열심히 키워서 닭이 되면 잡아먹을 거니?"

"음…." 나는 진심으로 고민했었다.

"그래도 통닭은, 지난달에 삼계탕 먹었으니까… 내가 키우는 거니까, 잡아먹진 않을 거예요. 같이 계속 살 거 같아요."

그러자 병아리 아저씨는 히죽 웃으면서 "그래?" 하고 되물었다.

"그럼 잘 키워서 닭이 되면 아저씨한테 데려오련? 내가 그거 1,000원 주고 사마."

"사서 뭐 하시려고요?"

"그건 비밀이야."

"그럼 안 팔아요." 내가 말했다.

"2,000원 줘도?"

"안 팔아요."

"2,500원. 그 이상은 안 돼."

"… 안 팔 거예요!" 사뭇 단호하게 대답했다.

"에이, 됐다 그럼." 아저씨가 손사래를 치며 말했다. "데려가서 구워 먹든 튀겨 먹든 네 맘대로 해라."

"안 먹을 거라니까요?"

"아, 어쨌거나 네 맘대로 해, 이제 네 거니까."

"근데 제가 200원 밖에 없어서…."

"거짓말하지 마."

"진짜예요. 거짓말 아니에요." 나는 의기소침한 목소리로 대꾸했다.

"… 그럼 200원이라도 줘라. 아저씨도 이제 집에 가려니까."

"와, 정말요?"

"그래, 빨리 데리고 가." 아저씨가 말했다.

나는 아저씨의 마음이 바뀔까 봐 서둘러 주머니에서 200원을 꺼내 내밀었다. 그리고 상자에 코를 박고, 구석구석을 눈으로 훑었다. 마침 해가 완전히 저

물기 직전이었다. 뚫어져라 보면 간신히 병아리들의 윤곽이 보였다. 고민 끝에 왼쪽 모서리 근처에 있던 자그마한 병아리 한 마리를 집어 들었다. 아저씨는 내가 병아리를 빼내기 무섭게 상자 뚜껑을 닫아 버렸다. 순간 아저씨가 화라도 난 건 아닐까 걱정도 됐지만 아무래도 좋았다. 그 길로 양손에 병아리를 감싸고 집을 향해 뛰었다. '오늘은 내 인생 최고의 날이야' 따위의 생각을 하면서.

외할머니는 동물을 좋아하지 않았다. 나도 그때까진 미처 몰랐다. 물론 온몸에 흙먼지를 잔뜩 묻히고, 뭐 맛있는 거나 사 먹으라고 준 용돈으로 병아리나 사서 돌아온 손자가 기특할 리도 없었을 것이다.

"내 참 환장하겠네…. 니 그거 어떻게 키울래?"

외할머니의 첫마디였다. 간절히 애원한 끝에 집 안에서 키워도 된다는 허락을 겨우 받을 수 있었다. 안방에는 들이지 않고 부엌에서만 키우는 조건이었지만 아무렴 나는 좋았다. 그땐 그 정도의 허락도 얼마나 좋았는지. 자다가 일어나서도 쫄래쫄래 부엌으로 나가선 "삐삐야. 내가 잘 키워줄게. 할머니 미워하지 말고. 내가 스무 살 되면 대학교도 같이 가자, 응?" 하고 세상 오그라드는 말들을 해댔던 기억이 난다.

그러나 삐삐는 집에 데려온 직후부터 시름시름 앓기 시작했다. 나는 할머니의 허락을 받고 냉장고에 있던 상추며 쌀알 몇 개를 넣어줬지만, 몇 번 입이나 댈 뿐 다 먹는 일은 없었다. 그러다 일주일째 되던 날 아침에 시체로 발견됐다. 처음에 나는 병아리도 누워서 잠을 자는구나, 같은 멍청한 생각을 했다. 뒤늦게 부엌에 나온 할머니가 얼른 치우려들지 않았으면 그냥 오랫동안 자는 줄 알았을지 모른다.

휴지 몇 겹으로 감싼 병아리 시체를 품에 안고 한참을 울먹거렸다. 할머니는 처음 10분쯤은 안쓰럽다는 눈으로 지켜보다가, 슬슬 짜증이 났는지 이렇게 얘기하는 것이었다.

"병 걸려서 태어난 개 잘못이지. 닭 될 애였으면 학교 앞에 늘어놓고 팔고 있겠나? 양계장에서 지들이 키워서 팔았겠구먼."

"… 자기들이 키운 닭을 파는 거예요?" 나는 울먹이며 물었다.

"두말하면 잔소리지. 내다 팔 거 아니면 그걸 뭣

하러 키우나? 그 새대가리 같은 놈을." 할머니는 싱크대 위에 놓여있던 컵을 공연히 뒤집어엎었다.

"하여간 그놈의 아저씨인지 뭔지 다시 보이면 나한테 얘기해라. 확 경찰에 신고해버리려니까. 애들한테 이상한 바람이나 넣어가지고… 왜 쓸데없는 짓을 하고 난리야?"

할머니는 독실한 가톨릭 신자였지만, 그날만큼은 주말 미사에 가지 않는 걸 허락해주셨다. 동물의 시체는 금방 차가워졌다. 안방에 있던 비단 이불로 감싸봐도 병아리의 체온은 돌아오지 않았다. 저녁나절에 접어들자 이상한 냄새까지 풍기기 시작했다. 나로선 어떤 죽음으로 말미암아 느낀 최초의 슬픔이었다. 아버지의 죽음을 슬퍼하기에 다섯 살은 너무 어린 나이였으니까.

그날 밤, 나는 병아리를 놀이터 뒤꼍에 있던 작은 화단에다 몰래 묻었다. 흙을 덮은 다음 중간 크기의 돌을 비석 삼아 올려뒀다. 합장한 채 몇 분간 기도도 했다. 왠지 그렇게 해야만 할 것 같았다. 잠시나마 책임감을 느꼈던 존재에 대해, 빛조차 보지 못하고 꺾여버린 생명체에 대해, 더 나은 환경을 주지 못한 미안

함에 대해. 할머니는 애초에 나약하게 태어난 네 잘못이라고 했지만, 절대 그럴 리 없다고. 그래, 슬플 일일지언정 잘못은 아니다. 그런 네가, 우리가 태어난 게 잘못이 될 순 없는 거니까.

'지금의 젊은 세대 이야기를 90년대생의 입장에서 이야기해보면 어떨까?'라는 건 정말 느닷없이 떠오른 생각이었다. 그래서 출판 기획서를 작성해 출판사 몇 곳에 제안을 넣었는데, 결과가 좋지 않았다. 아무래도 평소에 쓰는 글에 비해 다소 무겁고 진중한 소재인데다 대중적으로 먹힐 만한 내용도 아니라는 의견이 돌아왔다.

당시엔 나 역시 출판사 관계자의 설명에 고개를 끄덕이긴 했지만, 계약해주는 출판사가 없다고 해서 글을 못 쓰는 것도 아니겠다 싶어, '브런치'라는 플랫폼에 연재를 시작했다. 마침 다른 책 원고도 마감한 참이었거니와 한 달쯤은 부담 없이 원하는 글을 써보는 것도 나쁘지 않을 거라 생각했던 것이다.

애당초 어디까지 써야겠다 하는 생각이나 어떤 내용을 쓰고 어떻게 결론을 내겠다는 계획 같은 건 없었다. 일단 쓰다 보면 윤곽이 나오겠지 하는 느낌이었는데, 생각보다 좋은 반응을 얻자 한층 더 의욕이 샘솟았다. 그렇게 썼던 글 일부가 카카오 메인에 노출되고, 한 편의 조회 수가 10만을 넘어가고, 브런치 구독자를 1,000명 넘게 불리는가 하면 다수의 출판사로부터 출간 제의를 받아 지금 이 책의 맺음말을 쓰고 있다는 건 제법 놀라운 일이기도 하다. 이 자리를 빌어 브런치 연재 당시 많은 지지를 보내준 다수의 독자들, 이런 글을 책으로 선보일 수 있게끔 힘써준 조연수 에디터님을 비롯한 많은 분들에게 감사의 말을 전하는 바다. 물론 글은 다 내가 썼지만.

90년대에 태어난 청년들이 세대 간 담론에 등장한지는 생각보다 꽤 됐다. 다만 나는 거시적인 관점이나 사회학적인 시선에서 분석하는 부류의 글을 쓰고 싶지는 않았다. 설득력을 얻고자 불분명한 통계를 어설프게 갖다 쓸 바에야, 논리나 이성 같은 것을 철저하게 배제한 채 그저 90년대생의 입장에서 솔직하게 풀어가는 것이 낫겠다는 판단이었다.

브런치 연재 당시 개인적으로 놀라웠던 또 한 가지는, 90년대생에 대해 다룬 글인데도 90년대생이 아닌 독자들에게 보다 밀도 있는 반응이 돌아왔다는 것이다. '00년대생 자녀를 둔 엄마 입장에서 무척 공감가는 글이었다', '요즘 아이들이 미래가 없이 사는 게 한심하게 보일 때가 있었는데 이 글을 읽고 반성하게 된다', '90년생 딸아이 엄마인데, 알 수 없는 딸을 잠시 들여다볼 수 있어서 감사했다' 같은 내용의 댓글들이 수십 건 넘게 달려있는 것은 내게도 여러모로 충격이었다.

뭐, 그렇다고 해서 '세대 간의 단절을 극복하기 위해 징검다리 역할을 할 수 있는 글을 써야겠다' 같은 거창한 생각을 한 건 아니었다. 목적성이 분명한 글은 어느 지점부터 쉽게 불쾌해지기 때문이다. 내가 할 일은 지나치게 과장하지 않고, 꼴사나운 자기 연민에 빠지지 않으면서, 우리 시대의 슬픔을 써내려가는 것뿐이었으며, 실제로도 그렇게 했다. 물론 부모님 세대가 이 글을 읽었을 때 어떤 반응을 보일까 하는 건 궁금한 측면이 있지만, 그건 내 마음처럼 되는 일도 아닐뿐더러 필수적인 고려 요소도 아니다.

슬픔에 관해 쓴 글이라고 해서 꼭 슬프게 받아들일 필요는 없다. 이 책을 읽는 독자들에게 바람이 하나 있다면 두말할 것 없이 '처음부터 끝까지 즐겁게 읽는 것'이다. 우리의 비극은 매일같이 눈앞에 펼쳐지므로, 글이란 건 으레 희극인 편이 낫기 때문이다. 부디 이 글을 읽는 당신에게 충분히 슬퍼할 힘이 남아있길 바라면서.

마카롱 사 먹는 데 이유 같은 게 어딨어요?

초판 1쇄 인쇄 2020년 5월 15일
초판 1쇄 발행 2020년 5월 20일

지은이 이묵돌
발행인 손은진
개발책임 장명익
개발 김민정 조연수
제작 이성재 장병미
디자인 여만엽디자인
발행처 메가스터디(주)
출판등록 제2015-000159호
주소 서울시 서초구 효령로 304 국제전자센터 24층
전화 1661-5431 팩스 02-6984-6999
홈페이지 http://www.megastudybooks.com
이메일 megastudy_official@naver.com
ISBN 979-11-297-0619-5 03810

메가스터디BOOKS
'메가스터디북스'는 메가스터디㈜의 출판 전문 브랜드입니다.
유아/초등 학습서, 중고등 수능/내신 참고서는 물론,
지식, 교양, 인문 분야에서 다양한 도서를 출간하고 있습니다.